Hans-Joachim Wenzel
Hans-Jörg Schulze-Goebel

Umwelt – Raum – Gesellschaft

Arbeitsbuch zu Umweltfragen und Stadtentwicklung
für die Sekundarstufe 1
Lernbereiche Geographie und Gesellschaftslehre

Schülerarbeitsbuch

J. B. Metzlersche Verlagsbuchhandlung
Stuttgart

Bildquellennachweis

Abb. 5, 7: Rauda, Lebendige städtebauliche Raumbildung, J. Hoffmann Verlag, Stuttgart; 8, 9: Stadtplan Speyer, Städte-Verlag E. v. Wagner & J. Mitterhuber, Stuttgart; 10: Aus Bildstadtplan Nürnberg, Bollmann-Bildkarten-Verlag KG, Braunschweig; 12: Hanseatische Luftfoto Gesellschaft mbH, Hamburg; 13: dpa; 14a, 15a: W. Bicheler; 14b, 15b: Münchener Geographische Hefte 37/1973; 16, 18: dpa; 17: Geogr. Inst. Giessen; 19, 20, 21: H.-J. Wenzel; 22: V-Dia-Verlag, Heidelberg; 24b: H.-J. Wenzel; 26: Geogr. Inst. Giessen; 27: J. Selveris; 30, 32: dpa; 31: Der Spiegel 45/1970; 33: A. Helwig; 34, 35: dpa; 36: Dr. W. Schiffer; 37: Geogr. Inst. Giessen; 38: H.-J. Wenzel; 40 – 43: Aus Bildstadtplan Düren, Bremen, Remscheid, Düsseldorf, Bollmann-Bildkarten-Verlag KG, Braunschweig; 44–46: L. Bauer, AB Almänna Förlaget; 47–49: Adventure Playgrounds, Crosby Lockwood & Son Ltd. London; 50: dpa; 51: Süddeutscher Verlag; 52: W. Bicheler; 53: G. Hüsch, 55, 56: E. Rokos; 57 – 59: LEG Landesentwicklungsgesellsch. Bad.-Wttbg.; 60: s. 47; 61, 62: s. 44; 67: Mausbach, Die Planung de Stadtkernerneuerung, Verlag K. Krämer, Stuttgart; 69: W. Bicheler; 70: Kartengrundlage: Ausschnitt a.d. »Topographischen Atlas Niedersachsen« (Ausg. 1957), hrsg. v. Nieders. Landesverwaltungsamt – Landesvermessung –. Vervielfältigt mit Erlaubnis d. Nieders. Landesverwaltungsamtes – Landesvermessung – B4 – 125/77 v. 21. 4. 1977; 71: dpa; 72a, b: Patellis/Pokora, Stadtumbau – Stadtsanierung, Verlag Callwey, München; 77, 79: Alles in schönster Ordnung, Jugenddienst Verlag, Wuppertal; 78: Geogr. Inst. d. Univ. Göttingen Lehrstuhl II, Prof. Dr. H.-J. Nitz; 80: Der Spiegel 24/1971; 81: dpa.

ISBN 3 476 20085 X

© 1978 J. B. Metzlersche Verlagsbuchhandlung und Carl Ernst Poeschel Verlag GmbH in Stuttgart
Satz: Bauer & Bökeler Filmsatz KG, Denkendorf
Druck: Carl Maurersche Buchdruckerei, Geislingen
Umschlagentwurf: Jürgen Reichert
Grafiken: Rainer Blumenstein
Printed in Germany

Inhalt

1. **Sehen, wahrnehmen und erkennen** 4
1.1 Wie nehmen wir unsere Umwelt wahr? 4
1.2 Wie und was man beim Sehen auswählt 5
1.3 Wie Bewertung den Vorgang des Sehens beeinflußt 7
1.4 Wie Begriffe unterschiedlich wahrgenommen und bewertet werden 7

2. **Über die Entstehung und den Umgang mit Orts- bzw. Stadtplänen** 9
2.1 Denkbare Anforderungen an den Inhalt von Orts- bzw. Stadtplänen 9
2.2 Weitere Forderungen an die Gestaltung von Orts- und Stadtplänen 12
2.3 Was stellt ein Kartenhersteller dar? 12
2.4 Wie finde ich auf dem Stadtplan eine Straße oder ein Gebäude? 15
2.5 Noch einiges zur Art der Darstellung 15
2.6 Das Wichtigste über den Maßstab 17

3. **Wohnungs- und Wohnumweltverhältnisse** 19
3.1 Was die Begriffe Wohnen, Wohnlichkeit, Wohnraum und Wohnort ausdrücken 19
3.2 Probleme heutiger Wohnbedingungen und ihre historischen Entwicklungen 20
3.3 Nichtindustrielle Wohnformen 28
3.4 Wohnformen als Ausdruck sozialer und wirtschaftlicher Bedingungen 30
3.5 Das Beispiel der landwirtschaftlichen Häuser und Gehöfte 31
3.6 Über die mögliche Entstehung und die Anfänge menschlicher Behausung 33

Inhalt 3

3.7 Zur räumlichen Infrastrukturplanung in größeren Orten und Städten 35

4. Wohnungen und Wohnumweltverhältnisse heute 35
4.1 Welche Forderungen sind an eine Wohnung zu stellen? 35
4.2 Probleme des Wechsels von Wohnung und Wohnumwelt 37
4.3 Einige Wohnungsgrundrisse 38
4.4 Die Wohnumwelt als notwendiger Bestandteil des Wohnens 40
4.5 Merkmale und Konflikte in unterschiedlichen Wohngebieten 41
4.6 Einige Meinungen über Wohnungsprobleme, über die Ihr diskutieren solltet 44

5. Wie sind Städte gegliedert und warum gibt es städtische Teilgebiete mit unterschiedlichen Gebäuden und Aufgaben? 45
5.1 Häuser und ihre Aufgaben (Gebäudefunktionen) 45
5.2 Gebäudefunktionen und Viertelsbildung 46
5.3 Viertelsbildung bedeutet Überwindung von Entfernungen 47
5.4 Wer hat wo einen günstigen Standort? 48
5.5 Gruppenbezogene Standortwahl und die Probleme der Raumplanung 48
5.6 Jede Gemeinde braucht Steuereinnahmen, um Infrastruktureinrichtungen zu erstellen 50
5.7 Infrastrukturausstattung und Viertelsbildung 50

6. Vom Recht der Kinder auf Kinderspielplätze 54
6.1 Vorstellungen über den »liebsten Spielplatz« 54
6.2 Wie die Spielplatzsituation für Kinder sein sollte 54
6.3 Überlegungen über die beste Lage, über Größe und Umgebung eines Spielplatzes 59
6.4 Wie die Spielplatzsituation oft ist und was zu befürchten ist, wenn Kinder nicht genügend Raum zur Selbstverwirklichung haben 60
6.5 Seit wann gibt es das Spielplatzproblem? 62
6.6 Haben Kinder keine »Lobby«? 63
6.7 Beispiele, die optimistischer stimmen? 64

7. Wir planen eine kindergerechte Siedlung 67
7.1 Ein Beispiel zum Nachdenken 67
7.2 Ein Arbeitsvorschlag zum besseren Kennenlernen des eigenen Wohngebietes 67
7.3 Einrichtungen und Spielflächen für Kinder: Wunsch und Wirklichkeit 68
7.4 Nutzung von Plätzen und freien Flächen 72
7.5 Wie Plätze und freie Flächen früher genutzt wurden 72
7.6 Wir versuchen weitere wichtige Fragen zu klären: Ursachen und Folgen sozialer Infrastrukturplanung 73
7.7 Das Beispiel einer Siedlungsplanung: Welche Interessen auf Raumnutzung stoßen aufeinander? 74

8. Über Altstädte und Altbaugebiete 79
8.1 Welches sind die typischen äußeren Merkmale von Altbaugebieten und Altstädten und wie sind diese entstanden? 79
8.2 Heutige Aufgaben von Altbaugebieten und Altstädten 84
8.3 Erneuerungen von Altbaugebieten als soziales Problem 86
8.4 Einige Sanierungsbeispiele: Ihre Ziele und die Möglichkeiten veränderter Zielsetzungen 91
8.5 Einige weitere Konflikte im Zuge von Stadterneuerungsmaßnahmen 92
8.6 Was können die Gemeinden für ihre Bürger tun? 93

1. Sehen, wahrnehmen und erkennen

1.1 Wie nehmen wir unsere Umwelt wahr?

Arbeitet das folgende Kapitel, das Euch grundsätzliche Hinweise zum Verständnis der folgenden Arbeitsmaterialien und Lerneinheiten gibt, gut durch.

Es soll Euch zeigen, *wie bei gleichen Bildern und Erscheinungen verschiedene Menschen Unterschiedliches sehen* und woran das liegt. Bei der Beschäftigung mit den anderen Kapiteln dieses Buches werdet Ihr merken, daß gerade die hier erläuterten Zusammenhänge für das Verständnis der dort behandelten geographischen Probleme und Erscheinungen besonders wichtig sind. Wenn Ihr diese Ausführungen verstanden habt, werdet Ihr es also viel leichter bei der Beschäftigung mit den einzelnen Lerneinheiten haben.

Ein Beispiel: Ihr steht an einem Fluß mit trübem braunem Wasser und es ist heiß, jemand will baden, Ihr aber sagt zu ihm: »Du siehst doch, daß das Wasser dreckig ist, da kann man nicht baden.« Man kann also sagen, daß alle Menschen, die gesunde Augen haben, mehr oder weniger das gleiche sehen. Man sieht das trübe Wasser oder das alte Haus mit den kaputten Fenstern. Man sollte denken, daß auch alle Bewohner einer Stadt oder eines Dorfes ihre nähere Umgebung in gleicher Weise wahrnehmen. Und doch fallen Euch bestimmt Beispiele ein, wo zwei Menschen nebeneinander stehen und der eine mehr oder etwas anderes sieht als der zweite. Das deutet darauf hin, daß nicht alle Leute beim Sehen das gleiche bemerken. Der eine sieht dies, der andere das und ein dritter vielleicht wieder etwas Anderes, obwohl alle auf das gleiche Bild oder auf die gleiche Landschaft schauen. So werden nach einer Klassenfahrt oder einer Urlaubsfahrt mit Euren Eltern bestimmt, obwohl alle das Gleiche erlebt und gesehen haben, die meisten ganz unterschiedlich von dieser Reise berichten. Offensichtlich haben einige Schüler etwas »übersehen«, was andere wahrgenommen haben und umgekehrt, denn es ist doch unmöglich, all die unzähligen Dinge um einen herum auf einmal zu sehen. Wir können also ruhig sagen, daß alle Schüler notwendigerweise etwas übersehen haben. *Man muß also Gegenstände übersehen, wenn man aus einer Vielzahl von Gegenständen einige genauer betrachten will:* Das können kleine Gegenstände sein, das können aber auch große Gegenstände sein, wie z.B. Häuser. Wenn Ihr in der Stadt spazieren geht und auf Häuser achtet, die Euch gut gefallen, dann übersehen Ihr die Häuser, die Euch nicht gefallen. Oder: Wenn Ihr Euch im Wald verstecken wollt, dann übersehen Ihr zu kleine Bäume, nicht dafür geeignete Lichtungen und offene Plätze. Man kann das auch mit einem Versuch zeigen, wie unterschiedlich und »subjektiv« beim Sehen ausgewählt wird.

Nehmt ein leeres Blatt zur Hand und verdeckt damit die folgende Skizze (Abb. 1), dann müßt Ihr, weil Ihr das Bild sicher schon vorher angeschaut habt, eine Zeitlang etwas anderes denken oder etwas anderes tun. Nach einiger Zeit schiebt Ihr dann für nur ganz kurze Zeit das Blatt von dem Bild weg und verdeckt es wieder; anschließend schreibt auf, was Ihr gesehen habt! Vergleicht dabei die Reihenfolge mit der Eurer Mitschüler.

Das, was Euch am ehesten ins Auge sprang, werdet Ihr zuerst aufgeschrieben haben und die Dinge, die Ihr für nicht so wichtig haltet, werden am Schluß der Reihenfolge erscheinen; ganz unwichtige Dinge habt Ihr überhaupt nicht aufgeschrieben. Bei dem Vergleich kann man sehen, daß viele Schüler etwas ganz anderes für wichtig gehalten haben als ihre Schulfreunde. Und das liegt darin begründet, daß man beim Sehen auswählt.

1.2 Wie und was man beim Sehen auswählt

Wie man auswählt und was man auswählt, ist nun nicht beliebig, sondern abhängig von den Erlebnissen und Erfahrungen, die ein Mensch gemacht hat; d.h. eigentlich entscheidet der Mensch schon beim Sehen darüber, ob er etwas mag, oder ob er etwas nicht mag.

Du magst z.B. eine bestimmte Automarke, die Dir gut gefällt, weil es schnelle Autos sind und weil Du sie schön findest. Wenn du jetzt ein Bild siehst mit vielen Autos auf einem Parkplatz, dann wird Dir dieses Auto am ehesten auffallen und eine andere Person, die dieses Bild betrachtet – vielleicht Deine Mutter – wird dieses Auto überhaupt nicht bemerken, obwohl Ihr beide objektiv das gleiche Bild anschaut. Dieser Unterschied hängt mit Deinen Erfahrungen und mit Deinen Interessen zusammen, z.B. weißt Du vielleicht, wieviel PS dieses Auto hat und wie schnell das Auto fährt und was es kostet und kennst vielleicht auch Personen, die dieses Auto fahren und bist schon ein erfahrener Autokenner; während Deine Mutter, die dieses Bild auch betrachtet hat, gar nicht weiß, wieviel PS das Auto hat und wie schnell es fährt. Wenn also, wie wir gesehen haben, *Sehen und Erfahrung zusammenhängen,* (man also das zuerst bemerkt, was man bereits kennt und woran man sich noch am liebsten erinnert), *dann hängt Sehen auch mit Lernen zusammen.* Das Baby kann auch nicht sehen, es muß es erst lernen und genauso lernt der erwachsene Mensch im Laufe der Jahre viele einzelne Punkte in einem Bild zu einer ganzen Gestalt zusammenzufügen. Wir lernen also beim Sehen, zuerst das zu sehen, was uns bekannt erscheint und was wir bereits einordnen können. Wir bemerken also etwas, wofür wir »ein Interesse haben«. Wofür wir kein Interesse haben, das sehen wir oft nicht, das übersehen wir.

Abb. 1: Baugebiet

6 Sehen, wahrnehmen und erkennen

Das Gesicht einer Person, die uns nicht interessiert, das übersehen wir auf der Straße. Wir bemerken aber die Personen, die uns bekannt erscheinen, für die wir also irgendein Interesse entwickelt haben. (Auch das ganz Neue, Fremde und Überraschende fällt uns natürlich nur vor dem Hintergrund des Bekannten als etwas Ungewöhnliches auf. Das Interesse am Unbekannten kennzeichnet jedoch mehr unsere Neugier, etwas Genaueres erfahren zu wollen, und weniger unseren Erfahrungshintergrund.

Sehen, Erkennen und Interesse, das sind Dinge, die also eng zusammenhängen. Unter Interesse verstehen wir hier einfach, daß Du z.B. bereit bist, Dir irgend etwas anzuschauen, also eine gewisse Aufmerksamkeit für etwas hast. Diese Aufmerksamkeit hängt, wie wir gesehen haben, von den gemachten Erfahrungen ab. Wir müssen uns also zwei Dinge merken:

1. Die Erfahrung des Menschen bedingt die Auswahl der wahrgenommenen Gegenstände. *Was* wir z.B. aus einer Vielzahl von Gegenständen und Erscheinungen sehen und bemerken, hängt von unserer bis dahin gemachten Erfahrung ab.

2. Auch *wie* wir etwas sehen, ist von der Erfahrung abhängig. Man kann nicht davon ausgehen, daß man etwas so sieht, wie es objektiv ist, sondern man sieht es so, wie wir es gelernt haben. Das ist schwierig, kann aber an einem Beispiel verdeutlicht werden.

Wir alle haben »Sehen« gelernt, wie eine Treppe aussieht, wir sind auch alle schon eine Treppe herauf und hinunter gestiegen. Deshalb werden alle, die dieses Bild betrachten auch eine Treppe erkennen können.

Um zu erfahren, wie unser Sehen von bestimmter Erziehung abhängt, macht einmal folgendes:

Schaut einmal von der rechten unteren Ecke des Bildes nach links oben.

Ihr müßt Euch schon ein bißchen anstrengen, um etwas anderes als eine aufsteigende Treppe zu sehen: Gegen das, was man gelernt hat, kann man so schnell nicht ankommen. Wenn Ihr aber länger von links unten schaut, dann werdet Ihr erkennen, daß die Treppe auch hängen kann. Nur, hängende Treppen sind so selten, daß wir, wenn wir eine Treppe sehen, sie so sehen, wie wir es gelernt haben, nämlich von unten nach oben; wir wissen, daß man auf einer Treppe nach oben heraufsteigen kann oder auf ihr auch hinuntersteigen kann. Nur mit großer Anstrengung vermögen wir etwas zu sehen, was wir nicht per Erziehung eingeübt bekommen haben.

Dies kann auch mit anderen Gegenständen und Erscheinungen geübt werden, z.B. mit Landschaftsausschnitten (mit denen wir jeweils bestimmte Vorstellungen verbinden, jedoch nicht die im einzelnen objektiv vorhandenen Vegetationstypen oder Boden- und Reliefverhältnisse) oder mit Bäumen bzw. Waldausschnitten (wo jeder je nach Erfahrung und Interesse das mögliche Nutzholz, den schattigen Erholungsort, das Spielgelände oder den Aufenthaltsort von Vögeln sieht, jedoch nicht die tatsächlichen Standortverhältnisse).

Beim bloßen Sehen ist also auch so etwas wie »*Erinnern*« dabei. Wir sehen die Treppe und erinnern uns sofort daran, was wir zu einem anderen Zeitpunkt gelernt haben, nämlich daß eine Treppe zur Höhenüberwindung dient. So ruft also jeder Sinnesreiz, z.B. ein bestimmtes Landschaftsbild, Erinnerungen an vorher erlebte Eindrücke hervor. Diese Erinnerungen sind aber auch an Erfahrungen geknüpft. An einer Treppe haben wir beispielsweise erfahren, daß man auf ihr rauf und runter gehen kann. Vielleicht ist der eine oder andere von

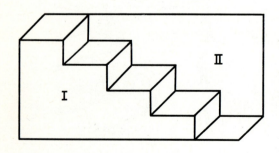

Abb. 2: Treppe

Euch schon einmal eine Treppe heruntergefallen und hat erfahren, daß man auf ihr vorsichtig gehen muß. – Wir können also festhalten: Wenn jemand sagt: »Das sieht man doch« und damit ausdrücken will, daß das, was man sieht, notwendig für jeden das gleiche wäre, daß das so nicht stimmt. Wir haben jedenfalls gesehen, daß bei der Wahrnehmung »Erziehung«, »Erfahrung« und »Erinnerung« eine wichtige Rolle spielen. Bevor wir also überhaupt »denken«, sehen wir durch unser Auge den Gegenstand, wie wir ihn eigentlich zu sehen gelernt haben. Haben wir kein Interesse an dem Gegenstand, so nehmen wir ihn nicht wahr und »denken« somit auch nicht über ihn nach.

1.3 Wie Bewertung den Vorgang des Sehens beeinflußt

Über den Anteil von Erinnerung beim Sehvorgang ist schon gesprochen worden. Wir erinnern uns aber besonders gern und besonders gut an das, was uns irgendwie gefällt. Wir wählen eher das aus, was uns zusagt oder von einer Sache behalten wir vor allem das, was uns angenehm ist (wenn wir z.B. über den letzten Erholungsaufenthalt berichten). Man nennt dieses Vorgehen »*bewerten*«.

Beim Sehvorgang spielt also die Bewertung des Gesehenen eine große Rolle. Ein weiteres Beispiel soll dies deutlich machen.

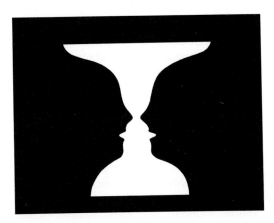

Abb. 3: Vase bzw. zwei Gesichter im Profil

Auf diesem Bild sind zwei verschiedene Gegenstände dargestellt. Einmal entdecken wir eine Vase, bei besonderem Hinsehen erkennen wir zwei Gesichter im Profil, die sich gegenüberstehen. Wenn man nun dieses Bild länger anschaut, kann man sehen, daß man je nach dem Interesse, – also je nachdem was man sehen will – seine Augen einstellen kann. Einmal kann man so schauen, daß die gegenüberstehenden Gesichter »gesehen« werden, zum anderen kann man so schauen, daß die antike Vase im Bild deutlich wird. Sehen hängt also auch mit den Vorstellungen zusammen, die man sich von einer Sache macht, wie man sie bewertet. Einmal haben wir die Vorstellung Gesicht und zum anderen haben wir die Vorstellung Vase; beide Vorstellungen haben wir aber erlernt. Ähnlich wie wir in einer Stadt Briefkästen erst dann bemerken, wenn wir einen Brief in der Hand haben, um ihn einzuwerfen, *so nehmen wir unsere Umwelt erst dann bewußt wahr, wenn wir Fragen an sie stellen* und sie zu irgendeinem Zweck bewerten. Man kann also sagen, durch das Auge stellen wir Fragen an die uns umgebende Welt. Ein in der Vergangenheit erlebter Geruch oder sonstige angenehme bzw. unangenehme Vorstellungen fließen ebenso mit ein und verändern unsere Vorstellung, die wir dann auf das Bild übertragen wie Erinnerungen. Somit führen wir eigene Bewertungen durch. Wir »dichten« zu den gesehenen Bildern »hinzu« oder lassen bei den gesehenen Bildern etwas weg; z.B. zweifeln wir keinen Augenblick daran, wenn wir nachts einen Baum sehen, daß seine Blätter grün sind und eine weiße Wand, die sich im Schatten befindet, obwohl sie sich grauschwarz ansieht, doch weiß ist. Hier wirken unsere Erfahrungen und Vorstellungen mit, die das wahrgenommene Bild bestimmen und in entsprechender Weise die Bewertung.

1.4 Wie Begriffe unterschiedlich wahrgenommen und bewertet werden

Mit der *Sprache* drücken wir nun das aus, was wir gesehen haben. Wir sagen Haus, Baum,

8 Sehen, wahrnehmen und erkennen

Garten usw., denken dabei an bestimmte Bilder, die wir durch unsere Vorstellungen ergänzen: Der Baum ist grün, meist auch alt, es singen Vögel drin, man kann gut darunter spielen usw. Schließlich sagen wir *nur* Baum dazu, aber eine Reihe von Vorstellungen sind weiterhin an dieses Wort geknüpft. Mit Worten, d.h. mit der Sprache treten wir mit anderen Menschen in Verbindung, wir teilen ihnen damit unsere Eindrücke und Vorstellungen mit. Was wir gesehen haben, wird oft in ein Wort gepackt; wenn dieses Wort z.B. von dem Vater oder der Mutter genannt wird, erwacht in uns eine Vorstellung und wir sehen ein Bild, ohne daß es in Wirklichkeit da wäre. Wir stellen es uns vor, und in diese Vorstellung packen wir unsererseits unsere ganze Erfahrung. Es werden also zwei Personen, von denen wir annehmen, daß sie verschiedene Erfahrungen im Wald gemacht haben, bei dem Wort Baum unterschiedliche Vorstellungen mit dem Bild verknüpfen.

Dazu zeigt folgendes *Beispiel, wie Begriffe je nach Erfahrung und Erziehung* unterschiedlich bewertet werden:

Person Nr. 1 geht in den Wald und sieht ein Eichhörnchen mit zwei Jungen auf einer Fichte. Sie klettert in die Fichte und findet dort das Nest. Daraufhin holt sie Futter und füttert die Tiere, so daß sie zutraulich werden und aus der Hand fressen. Die Person geht von nun an jeden Tag in den Wald und klettert in den Baum, um die schon wartenden Tiere zu füttern.

Diese Person wird, wenn das Wort Baum fällt, von jetzt an eine sehr angenehme Erinnerung damit verknüpfen, d.h. die Vorstellung und das Bild werden positiv im Gedächtnis haften bleiben.

Person Nr. 2 geht in den Wald und beobachtet Holzfäller, die die vom Förster gekennzeichneten Bäume fällen. Die Person sieht, daß die Waldarbeiter schon seit längerer Zeit eine große Fichte umsägen wollen. Da der Baum einfach nicht fallen will, werden die Arbeiter unvorsichtig. Als dann der Baum plötzlich doch mit lautem Krach, am Schaft splitternd, fällt, legt er sich in eine andere Richtung als von den Waldarbeitern vorgesehen war. Ein Waldarbeiter wird vom Baum getroffen. Der Baum hat sein linkes Bein eingeklemmt. Der Mann hat große Schmerzen und stöhnt. Die Person Nr. 2 wird aufgefordert, schnell einen Arzt zu holen.

Diese Person wird mit dem Wort Baum eine unangenehme Erinnerung verknüpfen. Das Bild, das diese Person sich von einem Baum macht, wird in ganz anderer Weise – nämlich negativ – beeinflußt sein als bei der Person Nr. 1.

Es müssen nun nicht immer einzelne Gegenstände sein, also Baum, Haus, Fluß usw., sondern meistens sind es komplexe Dinge, die zu einem Bild zusammengesehen werden, beispielsweise eine Stadt. Wenn der Name »Stadt« fällt, stellen wir uns nicht jedes einzelne Haus vor, sondern eine Gesamtheit und an diese Gesamtheit knüpfen wir unsere Gefühle und Erinnerungen; beispielsweise gefällt uns die eine Stadt sehr gut, eine andere Stadt weniger gut und eine dritte gefällt uns überhaupt nicht. Das gleiche gilt auch, wenn wir uns bestimmte Landschaften anschauen, bzw. uns solche Begriffe wie »schöne Landschaft« oder »Erholungslandschaft« vorstellen. Eine Landschaft besteht nun aus vielen tausend Dingen. Hier wählen wir aber nur einzelne Gegenstände aus, die wir aufgrund unserer Erziehung für wichtig halten, z.B. einen Berg, ein Tal, eine Wiese usw. und ergänzen sie vor unserem inneren Auge zu einem Bild.

Bei vielen anderen Begriffen aus der Geographie läßt sich nachweisen, daß je nach Erfahrung und Erziehung eine selektive Wahrnehmung und Bewertung erfolgt, d.h. daß mit den Begriffen ganz bestimmte Raumbilder und Raumvorstellungen verbunden werden.

Sucht weitere Beispiele, die dies belegen (z.B. ›romantisches‹ Städtchen, ›hektisches‹ Innenstadtleben, ›idyllisches‹ Dorf, ›urwüchsige‹ Gebirgslandschaft etc.) und stellt Vermutungen über die jeweils denkbaren Wahrnehmungen und Bewertungen an. Sprecht dabei jeweils über mögliche Gründe, die selektive Wahrnehmungen und Bewertungen bedingen.

2. Über die Entstehung und den Umgang mit Orts- bzw. Stadtplänen

Als erstes sollt Ihr verschiedene Wege, die Ihr selbst oder andere Leute oft zurücklegen, mit Hilfe von Handzeichnungen und kleinen Skizzen darstellen. Auf diesem Wege könnt Ihr am besten die Frage beantworten, was alles in Orts- und Stadtplänen aufgenommen wird und warum und wie es dargestellt ist.

2.1 Denkbare Anforderungen an den Inhalt von Orts- bzw. Stadtplänen

2.1.1 Unser Schulweg

Zunächst zeichnet bitte jeder seinen Schulweg auf! Beginnt an Eurem Wohnhaus und zeichnet von hier ausgehend die Straßen auf, die Ihr bis zur Schule zurücklegt! Tragt die Namen der wichtigsten Straßen ein und kennzeichnet durch Pfeile die Richtung Eures Schulweges. Wenn Ihr nicht den gesamten Schulweg zu Fuß zurücklegt, sondern mit Hilfe von Fahrzeugen, so macht dieses auch auf Eurer Skizze deutlich!
Schreibt dabei einmal auf, wie Ihr den Schulweg bewertet. Würdet Ihr Euren Schulweg als

Bewertung	Minuten
1. sehr lang	
2. mittellang	
3. kurz	

einschätzen? Macht in der Zeile ein Kreuz, für die Ihr Euch entschieden habt! Notiert danach zusätzlich bei den Bewertungsmöglichkeiten 1. bis 3. wieviel Minuten Ihr in der Regel für den Schulweg braucht (in der rechten Spalte unter Minuten). Vergleicht alle Schülerangaben miteinander.

Bei diesem Vergleich werdet Ihr sicherlich festgestellt haben, daß die Bewertung des Schulweges durch die einzelnen Schüler oft unterschiedlich ist; das äußert sich z. B. darin, daß ein Schüler einen 10-Minuten-Weg bereits als »sehr lang« bezeichnet und ein anderer evtl. nur als »mittellang«.
So können wir also feststellen, daß oft 2 Wegstrecken, die nach gemessenen Metern gleich sind, von verschiedenen Personen unterschiedlich bewertet werden. Das führt zu der Einsicht, daß Entfernungen zwischen zwei Punkten, wie hier zwischen Wohnung und Schule, nicht ausschließlich »objektiv« mit Hilfe eines Längenmaßstabes (z.B. in Metern) zu messen sind, sondern auch »subjektiv« durch die Bewertung und Beurteilung von verschiedenen Personen.

Diskutiert darüber! Vergleicht die Längen Eurer Schulwege miteinander (nicht nur in Minuten und in Metern, sondern auch in Eurer Bewertung).

Beachtet also: Es ist ein Unterschied, ob Wegentfernungen in Zeiteinheiten (z.B. in Minuten) bzw. in Längeneinheiten (z.B. in Metern) gemessen werden, oder ob gefragt wird, wie lang diese Wegentfernungen in der Meinung der einzelnen Schüler sind!

Angenommen, Ihr werdet jetzt von jemandem nach Eurem Schulweg gefragt und Ihr wollt den Schulweg mit Hilfe eines Planes von Eurem Wohnort erklären: Welche Forderungen würdet Ihr zunächst aus Eurer Sicht an die Gestaltung eines solchen Orts- bzw. Stadtplanes stellen? Was sollte auf jeden Fall verzeichnet sein, damit Ihr den Schulweg darauf nachvollziehen und zeigen könnt? – Denkt dabei nicht nur an Straßen, Fußgängerwege und Plätze, sondern auch an die auffallenden Merkzeichen und Gebäude am Rande des Weges! Welche »Markierungen« und Besonderheiten fallen Euch in dieser Hinsicht auf dem Schulweg am meisten auf? Zeichnet diese – wenn Ihr könnt – im Aufriß (also in der Vorder-, Rück- oder Seitenansicht) in Euren Wegeplan »Von der Wohnung zur Schule« ein!

2.1.2 Der Arbeitsweg des Vaters

Zeichnet jetzt einmal den Arbeitsweg Eures Vaters auf! Wo arbeitet Euer Vater und über welchen Weg gelangt er zu seiner Arbeitsstätte? Verzeichnet, ob Euer Vater zu Fuß geht oder ob er mit einem Fahrzeug fährt. Mit welchem und auf welcher Strecke?

Wenn Ihr die Arbeitswege Eurer Väter miteinander vergleicht, so werdet Ihr feststellen, daß diese in der Regel sehr verschieden sind und daß Eure Väter meistens unterschiedliche Arbeitsstätten aufsuchen. Für den Fall, daß Eure Väter Freunden oder Bekannten ihren Arbeitsweg auf einem Orts- bzw. Stadtplan zeigen möchten, müßten aus der Sicht Eurer Väter sicherlich auch die Wohngebäude eingetragen sein, zusätzlich jedoch weitere Verbindungsstraßen und -wege und vor allem die verschiedenen Arbeitsstätten.

Ergänzt jetzt Euren Wegeplan durch die Arbeitswege und Arbeitsstätten der Väter bzw. der Mutter. Versucht gleichzeitig herauszubekommen, was Euren Vätern positiv oder negativ auf dem Weg zur Arbeit besonders auffällt, d.h. an welche Bauten und Erscheinungen am Rande der Straße sie sich sofort erinnern, wenn sie an ihren Arbeitsweg denken. Sind es in jedem Fall die gleichen Dinge, die Ihr auch nennen würdet (falls Ihr den Arbeitsweg kennt)?

2.1.3 Der Weg eines Besuchers

Jetzt kommen wir zu einem weiteren denkbaren Fall, den Ihr noch durchsprechen solltet. Ein Onkel will Euch besuchen. Er kommt mit der Eisenbahn an und kennt nicht den Weg vom Bahnhof bis zu Euch nach Hause. Ihr schreibt ihm einen Brief und erklärt ihm mit Hilfe einer kleinen Skizze den Weg vom Bahnhof bis zu Eurer Wohnung.

Zeichnet bitte diese Skizze bzw. diesen Plan. Versetzt Euch in die Situation Eures Onkels, der ein ganz bestimmtes Interesse hat, möglichst klar und anschaulich die kürzeste Verbindung zwischen dem Bahnhof und Eurem Wohnhaus zu erfahren.

Wollte Euer Onkel diesen Weg auf dem Orts- und Stadtplan zur schnellen Orientierung finden, so bedeutet dies aus seiner Sicht eine weitere Forderung an die Gestaltung eines Ortsplanes. Es müssen wiederum andere Verbindungsstraßen und -wege verzeichnet sein und vor allem der Bahnhof.

Um die wünschenswerte Anschaulichkeit des Wegeplanes möglichst optimal zu erreichen, wollen wir noch eine weitere Überlegung anstellen. Wenn wir auf unserem Plan in vereinfachter Form Straßen, Gebäude und sonstige sichtbare Erscheinungen im Grundriß aufzeichnen, tun wir so, als ob wir diese Objekte direkt von oben sehen. Und die gleiche Sichtweise – oder genauer: Perspektive – zwingen wir durch eine so gestaltete Darstellung unserem fremden Besucher auf. Wenn dieser jedoch auf einer Straße steht oder sich dort fortbewegt, nimmt er zweifellos die Gebäude und Erscheinungen aus einer anderen Perspektive wahr: z.B. sieht er sie von der Vorder- oder Rückseite bzw. in der Seitenansicht. Deshalb würde die *Bildhaftigkeit des Wegeplanes* sehr viel einprägsamer sein, wenn Ihr dort einige Gebäude und ›Merkzeichen‹ so eintragt, daß jeder Beobachter dieses Bild in der Realität sofort wiedererkennt. Dadurch wird ein schnelles und sicheres Orientieren in einer unbekannten Umwelt möglich. Das geht einmal durch eine Schrägperspektive, indem man sich z.B. vorstellt, man sehe schräg von oben auf das Objekt (vgl. Abb. 4 und 5).

Zum anderen könnte man die Gegenstände so darstellen, als ob man sie alle von vorne betrachtet. Will man z.B. auf einem viereckigen Platz alle Gegenstände in einer Vorderansicht

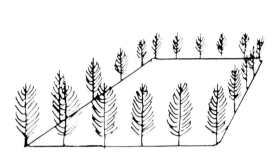

Abb. 4: Bäume eines vierseitigen Platzes in Schrägperspektive

Abb. 5: Ecke des Marktplatzes zu Meißen in perspektivischer Sicht

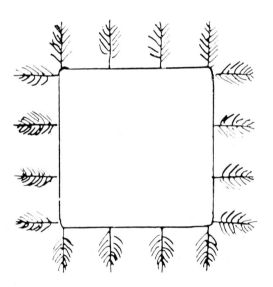

Abb. 6: Bäume eines viereckigen Platzes in Vorderansicht

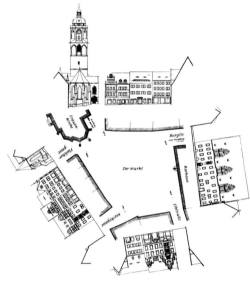

Abb. 7: Der Marktplatz von Meißen im Grundriß und Aufriß der begrenzten Gebäude

festhalten, so wird dadurch der Eindruck vermittelt, als ob alle Objekte nach außen »kippen« (vgl. Abb. 6).

Wenn wir dieses Darstellungsprinzip einmal für den alten Marktplatz einer Stadt (hier der Stadt Meißen – Meißener Porzellan! – in der Nähe von Dresden (DDR) anwenden), so ergibt sich die Darstellung der Abb. 7:

Hier kommen also sowohl die Begrenzungen des Platzes und die genaue Lage der Gebäude zueinander in ihrem jeweiligen Grundriß zum Ausdruck wie auch die Höhe und Art der Bebauung und das äußere Erscheinungsbild. Auf diese Weise wird uns eine optimale Orientierung möglich. Eine solche Darstellung kann uns sehr konkrete Vorstellungen über die reale, dort vorhandene Umwelt und ihr Erscheinungsbild vermitteln.

Sicherlich ist es nicht nötig, alle Bauten und Gegenstände, die Straßen und Plätze säumen, in die Orientierungskarte bzw. -skizze einzutragen. Jedoch werdet Ihr durch diese Hinweise genügend Anregungen bekommen haben, wie einzelne auffällige Orientierungspunkte und Bauten besonders »sprechend« eingezeichnet werden können. Dadurch werden die Einprägsamkeit und das Zurechtfinden in der Umwelt wesentlich erleichtert. Außerdem hättet Ihr Euch so am besten dagegen abgesichert, daß sich ein fremder Besucher verirren kann und evtl. durch dieses Mißgeschick unruhig und verunsichert wird.

2.2 Weitere Forderungen an die Gestaltung von Orts- bzw. Stadtplänen

Wir haben vorher aus der Sicht von drei möglichen Benutzergruppen (1. Schüler: Schulweg, 2. Vater: Arbeitsweg und 3. Onkelbesuch: Verbindungsweg Bahnhof-Wohnung) Forderungen an die Gestaltung eines Orts- bzw. Stadtplanes abgeleitet. Darüberhinaus gibt es von vielen Menschen und Gruppen andere Ansprüche an einen Stadtplan: Touristen wollen die Sehenswürdigkeiten der Stadt verzeichnet wissen, Autofahrer die Einbahnstraßen, Leute, die mit dem Bus fahren, möchten die Bushaltestellen, Spaziergänger die Spazierwege abseits der autobefahrenen Straßen, Sportvereine die Sportplätze und Turnhallen, Einkäufer – besonders jene von außerhalb – verschiedene Geschäfte, viele Menschen Arztpraxen und Krankenhäuser usw. usw.

Versucht, diese Aufzählung zu ergänzen! Welche Einrichtungen und Erscheinungen könnten für einige Gruppen noch so wichtig sein, daß sie auf einem Orts- bzw. Stadtplan verzeichnet sein sollten? Und wer könnte diese Forderungen aufstellen?

Wenn Ihr lange genug darüber nachgedacht habt, werdet Ihr merken, daß es sehr viele Ansprüche und Forderungen an einen Orts- bzw. Stadtplan geben kann, je nachdem, wen man fragt und aus welchem Interesse und zu welchem Zweck die Befragten einen Orts- bzw. Stadtplan gebrauchen wollen.
Alle Forderungen kann man bei der Herstellung auf keinen Fall berücksichtigen, weil sonst zu viele verschiedene Standorte, Flächen und Verbindungen verzeichnet sein müßten, so daß der Plan »überladen« und nicht mehr übersichtlich genug wäre. Wir wollen uns jedoch mit Hilfe des Stadtplanes möglichst schnell zurechtfinden. Deshalb muß der *Kartenhersteller* auswählen, was er in erster Linie darstellen will und wozu. Er muß also immer einige Zielgruppen im Auge haben, für die die einzelnen Informationen wichtig sind und die als mögliche Abnehmer des Planes in Frage kommen.

2.3 Was stellt ein Kartenhersteller dar?

Wir nehmen einmal an, ein Kartenhersteller möchte einen Ortsplan über eine Fremdenverkehrsgemeinde erstellen.

**Was würde er bevorzugt darstellen? Tragt einmal Eure Vermutungen zusammen!
Oder: Was sollte in erster Linie in dem Stadtplan einer kleineren Universitätsstadt alles eingetragen werden oder in einem Stadtplan einer Industriestadt? Legt bei Euren Überlegungen bekannte Gemeindetypen zugrunde.**

Wenn Ihr über diese Fragen gesprochen habt, werdet Ihr merken, daß der Kartenhersteller relativ willkürlich und subjektiv einige Dinge auswählen wird, um diese im Plan darzustellen. Vor allem kommt es – wie wir vorher erwähnt haben – darauf an, an welche Benutzergruppen er bei der Erstellung eines Stadtplanes denkt.

**In Abb. 8 und 9 seht Ihr Ausschnitte aus dem Stadtplan der Stadt Speyer. Beschreibt, was Ihr dort dargestellt findet! Wie sind Gebäude, Straßen, Anlagen, Plätze dort verzeichnet? Was ist alles beschriftet?
Besorgt Euch Orts- bzw. Stadtpläne der Heimatgemeinde und vergleicht sie mit diesen Abbildungen!
Welche Informationen, die Euch wichtig er-**

Was stellt ein Kartenhersteller dar? 13

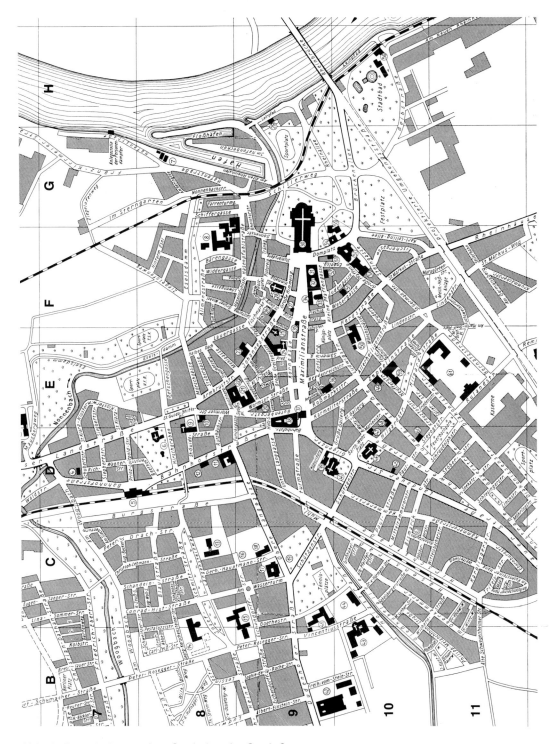

Abb. 8: Ausschnitt aus dem Stadtplan der Stadt Speyer

14 Entstehung und Umgang mit Orts- und Stadtplänen

Straßen und Plätze

Ahornweg D 2
Akazienweg D 1-2
Albert-Pfeiffer-Straße C 10
Albert-Schweitzer-Straße BC 8
Albert-Einstein-Straße B 9
Allerheiligenstraße EF 10
Allmendstraße F 8
Alter Postweg CD 5
Alte Schwegenheimer Straße BC 11
Am Alten Rheinhafen G 8-9
Am Anger D 1-2
Am Drachenturm E 10
Am Germansberg F 11
Am Heringsee C 7
Am Martin-Greif-Platz EF 11
Am Neuen Rheinhafen H 10-11, J 11-12
Am Renngraben F 11-12
Am Rosensteiner Hang C 11
Am Sandhügel DE 1
Am Schöneck FG 12
Am Siechenturm CD 7
Am Spinnrädel C 6
Am Wasserturm C 9
Am Woogbach B-D 7
An den Etzwiesen FG 12
Antoniengasse E 9
Armbruststraße E 8
Armensünderweg CD 5-6
Auestraße D-H 5
August-Becker-Straße C 7
Augustinergasse E 8
August-Woll-Straße C 8
Außerhalb der Landwehr C 4-3, D 3
Backofen E 9 *)
Bahnhofstraße D 7-9
Bärengasse F 8-9
Bartholomäus-Weltz-Platz D 10
Bartholomäus-Weltz-Straße DE 10
Bechergasse EF 9
Beethovenstraße D 7-8
Berliner Platz B 7
Bernatzstraße E 11
Birkenweg D 1
Bismarckstraße CD 10
Blaulstraße CD 8
Breslauer Straße B 8
Brückenallee F-H 10
Bruderstraße F 10
Brunckstraße B 3-4, C 4-5
Buchenweg D 2
Burgstraße D 7-9
Carl-Goerdeler-Straße A 7
Carl-von-Ossietzky-Weg B 8
Carl-Zeiß-Straße B 8
Christian-Dathan-Straße B 7, C 7-6
Christoph-Lehmann-Straße C 7-8
Closweg D 12
Conrad-Hist-Straße C 7-8
Deutschhof J 2-3
Diakonissenstraße D 12-11, E 11-10
Domplatz F 9-10
Dr.-von-Hörmann-Straße C 10
Dudenhofer Straße A-C 9
Ebernburgstraße C 11
Ehrlichweg B 7-6, C 6
Eichendorffstraße B 9, C 9-8
Eichenweg D 2
Eichgäßchen E 9 *)
Elendherberge E 9 *)
Emanuel-Geibel-Weg A 9
Engelsgasse F 9-10
Erlenweg DE 2
Ernst-Abbe-Straße B 8
Ernst-Reuter-Straße B 7
Erster Richtweg A 4-3, B 3-2
Eschenweg CD 1
Eselsdamm E 6-8, F 8
Eugen-Jaeger-Straße C 6-7
Eurichsgasse DE 8-9
Falkenturmgasse E 10 *)
Farrenturmgasse E 8
Festplatz FG 10
Feuerbachstraße E 10
Fichtenweg E 1
Fischergasse F 10
Fischmarkt F 9
Flachsgasse F 9
Franz-Kirrmeier-Straße G 8-6, H 6-4, J 4-3
Freiherr-vom-Stein-Straße B 9-10
Friedensstraße E 10-11
Friedrich-Ebert-Straße A-C 7
Friedrich-Graf-Straße AB 7
Friedrich-Profit-Straße AB 7
Friedrich-Völcker-Weg C 11
Fuchsweiherstraße F 11
Fuchswühli H 5
Gabelsbergerstraße C 10
Gartenweg (1. und 2.) BC 7
Gayerstraße D 11
Geibstraße GH 10
Georg-Kerschensteiner-Straße BC 8
Gerbergasse F 8 *)
Gerhart-Hauptmann-Straße C 8-9
Gießhübelallee BC 9
Gießhübelstraße C 10
Gilgenstraße D 9-10
Goethestraße C 9
Grafengäßchen E 8 *)
Graf-Stauffenberg-Straße A 7
Grubergasse E 10 *)
Grasgasse F 9
Große Gallergasse DE 10
Große Greifengasse E 9
Große Himmelsgasse F 9
Große Pfaffengasse F 10
Grüner Winkel F 9 *)
Günthergasse E 9 *)
Gutenbergstraße E 9
Habsburgerstraße CD 10
Hafenstraße G 7-9
Hagedornsgasse E 9
Hahnengasse F 9
Halbes Dach E 8
Hans-Böckler-Straße B 7
Hans-Sachs-Straße AB 9
Hasenpfuhlstraße FG 9
Hasenstraße C 9-11, D 9
Heimstättenstraße FG 12
Heinrich-Heine-Straße A 9, B 9-8
Hellergasse E 9
Herdstraße F 10
Hermann-Ehlers-Straße AB 7
Hermann-Wintz-Weg BC 11
Hertrichweg C 4-5
Heydenreichstraße E 9-10
Hilgardstraße D 10, E 10-11
Hilzenburggäßchen E 8 *)
Hinterm Esel F 8
Hirschgraben DE 8
Hirschstraße C 11-10, D 10-9
Hohenstaufenstraße C 10-11
Holunderweg CD 1
Holzmarkt F 9
Holzstraße B 10, C 10-9
Holzturmgasse F 9 *)
Humboldtweg B 10-11
Iggelheimer Straße AB 5, C 5-6, D 6
Im Frohsinn E 7
Im Hafenbecken G 8-9
Im Lenhart FG 12
Immanuel-Kant-Weg B 11
Im Oberkämmerer B 11, C 11-10
Im Schifferle G 12 *)
Im Sterngarten F 7, G 7-8
Jahnstraße C 12-11, D 11
Johannes-Kirschhoch-Straße C 8
Johannesstraße EF 9
Johann-Georg-Hufnagel-Weg B 8
Johannitergäßchen E 9 *)
Josef-Schmitt-Straße BC 8
Judenbadgasse F 10 *)
Judengasse F 9-10
Julius-Leber-Straße A 7
Kämmererstraße C 11, D 11-10
Kapuzinergasse D 9
Karl-Leiling-Allee F 10
Karlsgasse E 9
Karmeliterstraße E 9-10
Karolinergasse C 11
Kaspar-Zeuß-Straße C 7-8
Ketteler Straße D 1-2
Kiefernweg D 2-3
Kindergäßchen E 9 *)
Kleine Gailergasse E 10
Kleine Greifengasse E 9
Kleine Himmelsgasse F 9
Kleine Pfaffengasse F 9
Kolbstraße B 7
Kolpingstraße D 1-2
Königsplatz E 9
Kopfgäßchen E 9 *)
Korngasse E 9 *)
Krautgäßchen E 9 *)
Krebsgasse E 8-9
Kreuztorstraße E 10-11
Krummäckerstraße F 11-12
Kuhweide E 9
Kurt-Schumacher-Straße B 6-7
Kutschergasse E 9
Landauer Straße B 12, C 12-11, D 11-10
Landwehrstraße B 5-4, C 4
Langenweg DE 12
Langensteinweg BC 8
Lärchenweg D 1
Lauerbachgasse EF 8 *)
Lauergasse E 8-9, F 9
Lebkuchengasse E 9
Ledergäßchen E 9 *)
Leinpfad H 9-10
Lessingstraße B 8-9
Lina-Sommer-Straße C 6-7
Linckstraße D 11
Lindenstraße F 10-11
Lindenweg D 2
Löffelgasse E 9
Löwengasse F 8-9
Ludwigshof G 4
Ludwigstraße DE 10
Ludwig-Uhland-Straße A 8, B 8-9
Luxhof J 8
Luzerngasse E 9
Magergasse F 8 *)
Mandelgäßchen E 9 *)
Marienstraße DE 10
Martin-Greif-Platz E 11
Martin-Luther-Straße F 10-11
Marxgärtenstraße F 11
Mathäus-Hotz-Straße DE 9
Maulbeergasse F 9
Mausbergstraße DE 6
Mäusegasse E 6 *)
Maxburgstraße C 11
Maximilianstraße EF 9
Mehlgasse E 9 *)
Mittelkämmererstraße CD 10
Möhringstraße D 11-12
Mönchsgasse E 10
Mörschgasse E 8
Mühlturmstraße D 9
Mühlweg B-C 6
Münzgäßchen E 9 *)
Mutterstadter Straße C 1, D 2-3
Neufferstraße E 10
Neugasse E 9 *)
Neulandstraße F 12
Nikolausgasse F 9 *)
Nonnenbachgasse G 8
Nonnenwühl H 4
Nußbaumweg D 2
Obere Langgasse CD 9
Otterstadter Weg D 3-2, E 2
Pallanzagasse E 9
Pappelweg CD 1
Paul-Neumann-Straße A 7
Paulstraße CD 10
Pestalozzistraße DE 8
Peter-Drach-Straße C 7-8
Peter-Rosegger-Straße B 7-9
Petschengasse E 8
Pfaugasse E 9
Philipp-Melanchthon-Straße B 11, C 10
Pistoreigasse F 9
Platanenweg CD 1
Predigergasse E 9
Prinz-Luitpold-Straße D 7
Pulvermühlweg B 5
Pulverturmweg D 5
Rainer-Maria-Rilke-Weg A 8-9
Remlingstraße E 11-12
Rheinallee GH 9
Rheinhäuser Straße F 11, G 11-12
Rheintorstraße FG 9
Richard-Wagner-Straße D 7
Rosengasse E 9 *)
Roßmarktstraße E 9-10
Roßsprung D 6
Rutschbahn E 11
Rützhaubstraße DE 8
Salierstraße E 10-11
Salzgasse F 9
Sämergasse E 9-10
Schandeinstraße C 7-8
Schiffergasse D 8-9
Schifferstadter Straße C 2-3, D 3
Schillerweg G 9-10
Schlitzergasse F 9
Schmiedgasse F 9
Schöngasse F 8-9
Schopenhauerweg B 11
Schrannengasse F 9 *)
Schraudolphstraße D 10-11, E 11
Schubertstraße D 7
Schulergasse E 9 *)
Schultzgäßchen E 9 *)
Schusterberg EF 9
Schusterturmgasse F 8-9 *)
Schützenstraße C 9, D 9-10
Schwabsgasse E 9
Schwerdtstraße D 10—11
Seekatzstraße D 11
Seilerbahn F 11
Siebertplatz E 9
Slevogtstraße DE 7
Slevogtstraße D 11, E 11
Sonnenstraße D 8
Sophie-de-la-Roche-Straße B 9
Spinnereistraße C 6
Spitzrheinhof G 1
St.-Georgen-Gasse F 9
St.-German-Straße F 10
St.-Guido-Stiftsplatz E 9
St.-Guido-Straße D 8
St.-Klara-Klosterweg CE 7
St.-Margareten-Gasse F 9 *)
St.-Markus-Straße F 10-11
St.-Markus-Weg F 11
St.-Velten-Gasse F 9 *)
Steingasse F 10
Steinhäuserhof F 7-4
Steinmetzergasse E 8
Stöberstraße E 10 *)
Stöckergasse E 9 *)
Stübergasse E 8
Stuhlbrudergasse F 9
Stumpengasse E 9 *)
Tannenweg D 1
Taubengasse F 10
Theodor-Storm-Weg B 8
Thomashof F 2
Tränkgasse F 9
Trifelsstraße C 11
Ulmenweg D 2
Untere Langgasse D 9
Vailgasse E 10 *)
Viehtriftstraße DE 6
Vincentiusstraße B 9-10, C 10
Waldseer Straße D 3-1, E 1
Waldstraße D 6-7
Webergasse F 9-10
Weidenberg E 8 *)
Weidenweg C 1
Weiherhof F 3-4
Welfenweg C 11
Wenzel-Klambt-Straße D 5-6
Werkstraße K 1
Werner-von-Siemens-Straße B 4-5, C 5-6
Wichernstraße B 10, C 10-11
Widdergasse F 9
Wilhelm-Busch-Weg B 8
Wintergasse E 9 *)
Wittelsbacherstraße C 10-11
Wormser Gäßchen E 9 *)
Wormser Landstraße D 3-8 E 8
Wormser Straße E 8-9
Zeppelinstraße E 9 *)
Ziegelofenweg F 8-7, G 7
Zum Riegel F 8
Zwerchweg E 10

Die mit *) bezeichneten Straßen sind im Plan nicht eingetragen, befinden sich jedoch in dem angegebenen Planquadrat.

Behörden und öffentl. Einrichtungen

sind im Plan schwarz hervorgehoben und mit Nummern gekennzeichnet; die nachstehend in Klammern aufgeführten Zahlen geben diese Nummern wieder.

Allg. Ortskrankenkasse (49) E 10
Altersheim Marienheim (60) D 10
Altpörtel (37) E 9
Amtsgericht (21) E 9
Anlegestelle der Personendampfer G 7
Arbeitsamt (12) D 8
Bahnhof (5) D 7-8
Bischöfl. Ordinariat (52) F 9
Bischöfl. Palais (31) F 9
Caritasverband (11) D 8
Evang. Landeskirchenrat (54) F 9-10
Festplatz FG 10
Finanzamt (26) F 9 und (48) D 10
Forstamt (45) D 10
Friedhof CD 4-5
Gaswerk (2) C 5-6
Gesundheitsamt (32) F 9
Hafenmeisterei (7) G 8
Historisches Museum (57) F 10
Hochbauamt (47) D 10
Jugendherberge (56) H 10
Kirchen:
  Dreifaltigkeitskirche (28) F 9
  Gedächtniskirche (46) D 10
  Heiliggeistkirche (25) E 9
  Kaiserdom (30) FG 9
  St. Bernhardkirche (6) D 8
  St. Josefskirche (40) D 9-10
Krankenhäuser:
  Diakonissenanstalt und -krankenhaus (61) E 11-10
  Stiftungskrankenhaus (50) E 10
  Vincentiuskrankenhaus (44) C 10
Kreis- und Stadtsparkasse (27) F 9
Landesbibliothek (23) E 9
Landesversicherungsanstalt (15) BC 9
Landratsamt (51) F 10, demnächst (16) C 9
Landwirtschaftliche Untersuchungs- u. Forschungsanstalt (17) C 9
Landwirtschaftsamt (18) C 9
Polizei (34) F 9
Postgebäude (38) E 9
Rathaus (34) F 9
Rechnungshof (4) D 7
Schlachthof (3) DE 6
Schulen:
  Aufbauschule für Mädchen (43) BC 9
  Aufbauschule für Jungen (41) BC 9
  Berufsschule (14) BC 9
  Diakonissenanstalt mit verschiedenen Fachschulen (61) E 11-10
  Edith-Stein-Schule (13) C 8
  Gymnasium, Staatl. (58) F 10
  Gymnasium, Städt. (22) E 8-9
  Haushaltungs- u. Frauen-Fachschule Marienheim (60) D 10
  Hochschule für Verwaltungswissenschaften (42) B 9-10
  Institut der Armen Schulschwestern (43) BC 10
  Landwirtschaftsschule (18) C 9
  Mädchenlyzeum (21) E 9
  Missionskonvikt St.-Guido (19) E 9
  Pestalozzischule (22) E 8-9
  Priesterseminar (24) E 9 und (62) E 12
  Roßmarktschule (36) E 9
  Siedlungsschule (1) D 1
  St.-Magdalena-Volksschule und Fachschulen (8) FG 8-9
  Zeppelinschule (59) F 9
Schülerwohnheime:
  Marienheim (60) D 10
  Speyerer Volksschule (11) D 8-9 (30) E 9
Sportplätze: D 11-12, G 9, Hockeyclub J 3-4
Roßsprung DE 6
T.S.V. E 7-8
V.f.R. E 7-8
Staatsarchiv (55) FG 9-10
Stadtbad H 10
Stadtbauamt (35) EF 9
Stadthalle (32) F 9, geplant (19) C 9
Straßen- und Brückenbau (10) E 8
St. Magdalenenkloster (8) FG 8-9
Tennisplätze C 9
Vermessungsamt (53) F 9-10
Wasserstraßenamt (29) GH 9
Zollamt (39) D 9

Abb. 9: Die Legende des Stadtplanes Speyer

scheinen, vermißt Ihr auf diesen Ortsplänen? Könnt Ihr z.B. erkennen, welche Flächen Euch jederzeit zugänglich sind und welche Flächen sich in Privateigentum befinden?
Oder: Wo sind Gehwege für Fußgänger vorhanden und wo nicht?
Oder: Könnt Ihr erkennen, wie hoch die Gebäude sind und wo das Gelände Steigungen oder Gefälle aufweist (bzw. in der Sprache des Fachmannes: Wie die topographische Oberflächengestalt (Relief) beschaffen ist)?
Oder: Sind die Nutzungen der Gebäude erkennbar und deren Alter?
Diskutiert darüber, zu welchen Zwecken Ihr die nicht verzeichneten Gegenstände und Informationen gebrauchen könntet! Überlegt auch, wie man sie darstellen könnte!

2.4 Wie finde ich auf dem Stadtplan eine Straße oder ein Gebäude?

Damit eine Straße auf einem Stadtplan nicht zu lange gesucht werden muß, braucht man zum schnellen Auffinden einige Hilfsmittel. Zunächst einmal muß ein Plan in viele kleinere Quadrate oder Rechtecke (in Form eines Gitternetzes!), die alle einzeln benannt sind, zerlegt sein (Abb. 8 u. 9) und zum zweiten braucht man ein gesondertes alphabetisches Straßenverzeichnis mit der Angabe hinter den einzelnen Straßen, in welchen Quadraten bzw. Rechtecken diese verlaufen. Im Stadtplan selbst müssen die Straßennamen natürlich auch verzeichnet sein. Erst dann könnt Ihr jede in der Stadt vorhandene Straße schnell finden.
– Außerdem ist die Einteilung mit Hilfe eines Gitternetzes sehr nützlich, um schnell Entfernungen zwischen verschiedensten Standorten abschätzen oder messen zu können.

Übt das Suchen von Straßen und Häusern an dem Plan Eures Heimatortes! Beachtet dabei die Benennung und Anordnung der einzelnen Gitternetzausschnitte!

Notwendige Angaben bei einer Standortbestimmung:

Wenn Ihr ein bestimmtes Haus sucht, so braucht Ihr zum schnellen Finden des Standortes eine Gitternetzbezeichnung auf dem Ortsplan, den *Straßennamen* und zusätzlich noch die *Hausnummer.*
Oftmals sind die einzelnen Hausnummern nicht im Plan verzeichnet. Dann ist die genaue Bestimmung eines Gebäudes bzw. Standortes nur mit Hilfe von Entfernungsangaben (z.B. Meterangaben von einer Straßenkreuzung, Kirche o.ä.) möglich. Oder man muß den genauen Standort später in der Straße selbst suchen.
Neben einem *Stichwortverzeichnis* aller Straßen des Ortes kann es in einem Ortsplan noch Stichwortverzeichnisse anderer allgemein wichtiger Gebäude und Einrichtungen geben (z.B. »öffentliche« Gebäude), die oft auch durch eine andere Signatur oder Farbgebung gesondert hervorgehoben sind. Die verschiedenen Darstellungsarten (z.B. Wohnhäuser: orange, Schulen und öffentliche Gebäude: rot, Fabrikgebäude: schwarz, Parkanlagen und Rasenflächen: grün) werden in einer sog. *Legende* erklärt.
Wir fassen noch einmal zusammen: Orts- und Stadtpläne sind durch kleinere *Quadrate* oder *Rechtecke* in ein schachbrettartiges Gitternetz unterteilt. Mit Hilfe dieser Unterteilung könnt Ihr gut Entfernungen abschätzen und alles, was im *Stichwortverzeichnis* angegeben ist, schnell finden. Außerdem besitzt jeder Plan eine *Legende,* die die Darstellungsart erläutert und ein schnelles Zurechtfinden fördert.

2.5 Noch einiges zur Art der Darstellung

Auf den Plänen der Abb. 8 und 9 sind die Gebäude z.B. nicht in ihrer Höhe und Stockwerkszahl dargestellt. Wie das aussehen könnte, habt Ihr bereits mit den Abb. 6 und 7 erfahren (blättert noch einmal zurück!). – In den hier abgebildeten Stadtplänen (s.Abb. 8 und 9) sind die Gebäude dagegen in ihrem Grundriß so dargestellt, als ob man sie genau senkrecht von oben aus dem Flugzeug (»Vogelperspektive«) sehen würde: Man erkennt

16 Entstehung und Umgang mit Orts- und Stadtplänen

also nur den Grundriß der bebauten Fläche. Dabei sind viele Grundrisse generalisiert gezeichnet (d.h. nur ungefähr dem Grundrißbild entsprechend!) und Einzelheiten oft ganz ausgelassen. Anders ausgedrückt: Was in Wirklichkeit durch drei Dimensionen (Länge, Breite, Höhe) gekennzeichnet ist, wird auf diesem Plan nur in zwei Dimensionen (Länge, Breite) dargestellt (d.h. »verebnet«). Auch viele weitere Angaben über die Gebäude fehlen, z.B. Alter der Gebäude oder Anzahl der dort wohnenden Menschen. Nur einzelne, besondere Aufgaben bzw. »Funktionen«, die in verschiedenen Häusern wahrgenommen werden, sind – z.T. sehr willkürlich – verzeichnet (z.B. öffentliche Verwaltung, Schulen, Krankenhäuser, Fabriken, Turnhallen).

Wir fassen das Wichtigste nochmals zusammen:
In den meisten Orts- und Stadtplänen sind alle Gebäude, Bauwerke usw. in ihrem Grundriß verzeichnet (Sicht aus der Vogelperspektive) und meist stark generalisiert. Stockwerkhöhe und viele andere Merkmale werden nicht dargestellt. Man spricht dann davon, daß Karten und Pläne die einzelnen Gegenstände *verebnet* wiedergeben.

Zwar wird auf den Plänen und Karten meist versucht, für die einzelnen Gegenstände und

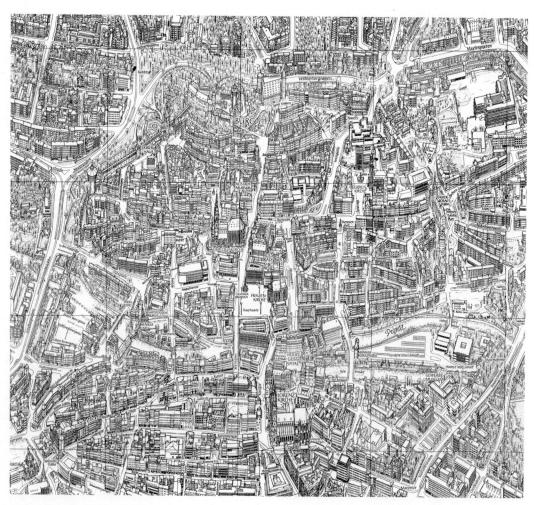

Abb. 10: Ausschnitt aus einer perspektivischen Bildkarte der Stadt Nürnberg

Erscheinungen möglichst »sprechende« Symbole zu wählen (z.B. durch ein Kreuz: den Standort einer Kirche, durch grüne Farbgebung: Bereich einer Park- und Grünfläche, durch ein Parkzeichen: Parkflächen für Autos). Eine konkrete Raumvorstellung kann jedoch der jeweilige Betrachter durch einen »verebneten« Plan nicht gewinnen. Dafür ist eine detaillierte Aufrißdarstellung notwendig, die die wichtigsten Vorstellungen eines Orts- oder Stadtbildes in den grundlegenden dreidimensionalen Elementen (Gebäude-, Platz-, Vegetations- Geländeformen) vermittelt. Daneben müssen natürlich auch Bewegungslinien wie Straßen, Wege und Schienen sowie flächenhafte Bereiche wie Plätze, Freiflächen und Grünzonen verzeichnet sein. Erst dann hat der Betrachter einen einprägsamen und symbolischen Plan vor Augen, auf dem sich wichtige Bestandteile der Wirklichkeit und zeichnerische Darstellung möglichst weitgehend entsprechen. Das bedeutet, daß aus einem so gestalteten Plan eine sehr konkrete Vorstellung der Wirklichkeit gewonnen werden kann (vgl. Abb. 10, S. 16).

Auf diese Weise kann also jedem Orts- und Stadtplanbenutzer der Aufbau eines Bildes und damit auch sein Wiedererkennen in der Realität erleichtert werden. Allerdings gehört auch Übung dazu, um sich in dieser anfangs verwirrenden Vielfalt zum Zwecke einer schnellen Orientierung zurechtzufinden.

Greift jetzt einmal aus diesem perspektivischen Plan eine Straße heraus und fragt Euch, welche Gebäude, Elemente und Eigenarten Euch dort am meisten auffallen. Welches würden evtl. Eure *Orientierungspunkte* **sein, wenn Ihr Euch auf dieser Straße entlangbewegt?**

Sicherlich fallen den einzelnen dabei unterschiedliche Dinge auf. Auch wenn Eure Eltern oder andere Personen gefragt würden, so kämen sicherlich recht unterschiedliche Antworten heraus. Diese Frage der unterschiedlichen Bewertung ist nicht immer leicht zu lösen. Größtenteils wird sie durch die Tatsache bedingt, daß einzelne Leute und Gruppen den Gegenständen und Erscheinungen unterschiedliche Bedeutungen zumessen, vor allem wohl wegen ihrer jeweils damit verbundenen Aktivitäten und ihren möglichen Nutzungen. Diese Umweltvorstellungen sind somit als Ergebnis von Umwelterfahrungen zu verstehen und von Vorstellungsbildern, die durch bestimmte Handlungsweisen und daraus resultierende Bewertungen geprägt sind. So wird z.B. ein Kind eine Straße auf dem täglichen Schulweg anders wahrnehmen und auch auf der Suche nach Spielmöglichkeiten andere Symbole und Flächen herausheben als eine Hausfrau, die dort nur zum Zwecke des schnelleren Einkaufens hingeht. Oder einem Spaziergänger fallen in der gleichen Umgebung andere Dinge auf als einem schnellen Autofahrer. Ebenso interessieren bei einem Stadtrundgang den ›Bodenspekulanten‹ wieder andere Erscheinungen als den ›Naturschützer‹, und diese prägt er sich dann umso intensiver ein.

2.6 Das Wichtigste über den Maßstab

Wenn man mit Hilfe eines Orts- oder Stadtplanes einen möglichst kurzen Weg zwischen zwei Standorten sucht, so sind nicht nur Richtung und Richtungsänderung wichtig, sondern auch *Entfernungen*. Diese geben uns erst die genaue Weite des Weges an und damit die voraussichtliche Zeitdauer zur Bewältigung dieses Weges. Mit Hilfe des sog. *Maßstabes* können die Entfernungen in der Wirklichkeit errechnet werden, wenn diese zuvor in dem Plan selbst gemessen wurden. Der Maßstab wird grundsätzlich durch ein Zahlenverhältnis ausgedrückt, z.B. 1 : 1000. Die Zahl hinter dem Doppelpunkt (also der Nenner) gibt an, um wieviel eine auf der Karte gemessene Strecke kleiner ist als in der Wirklichkeit. Bei 1 : 1000 entsprechen dann 1 cm auf der Karte 1000 cm = 10 m in Wirklichkeit (Zähler : Strecke auf der Karte, Nenner : Strecke in Wirklichkeit).

Berechnet bei anderen Maßstäben, wie lang jeweils in Wirklichkeit 1 cm auf der Karte ist.

18 Entstehung und Umgang mit Orts- und Stadtplänen

Schätzt und meßt einige Entfernungen auf dem Stadtplan aus! Wie lang ist eine Straße von .... bis ...., wie lang ist z. B. ein Sportplatz? Beachtet dabei den Unterschied zwischen dem kürzesten Weg, der sog. *Luftlinie,* die man nicht direkt zurücklegen kann und dem *wirklichen* Weg, der durch das Straßen- und Wegenetz vorgezeichnet ist.
Wieviel cm entsprechen 1 cm auf der Karte, wenn der Maßstab 1 : 2000 beträgt? Ist der Maßstab 1 : 2000 dann größer oder kleiner als der von 1 : 1000? D.h. wird eine Strecke von A nach B, die in Wirklichkeit ja gleich groß bleibt, bei 1 : 2000 oder bei 1 : 1000 größer abgebildet?

Was Ihr vom Maßstab auf jeden Fall wissen solltet:
Jede Karte bzw. jeder Plan besitzt einen Maßstab, der durch ein Zahlenverhältnis ausgedrückt wird. Der Zähler hat die Zahl 1. Die Zahl des Nenners gibt an, um wieviel eine auf der Karte gemessene Strecke kleiner ist als in Wirklichkeit (bei 1 : 1000 = 1000 mal!). Je größer der Nenner, desto kleiner der Maßstab!
Zusammenfassend können wir jetzt also sagen, daß *Orts- und Stadtpläne* in der Regel verebnete (also zweidimensionale) und generalisierte Darstellungen sind. Seltener finden wir Darstellungen im Aufriß und damit ein relativ konkretes und einprägsames Abbild der Wirklichkeit. Die meisten Ortspläne enthalten Straßen, Bahnen, bebaute Gebiete und darüber hinaus Park-, Grün- und Waldflächen sowie Gartenland und Wasserflächen. Mit Hilfe eines angegebenen Maßstabes können Entfernungen gemessen werden. Eine Gitternetzeinteilung hilft einerseits beim Ablesen der Entfernung und andererseits beim Auffinden von Standorten und Straßen. Ein Stichwortverzeichnis hält alle eingezeichneten und lokalisierbaren Bezeichnungen fest. Eine Legende erläutert die genaue Darstellungsart und ermöglicht ein schnelles Orientieren mit Hilfe des Planes. Je nachdem, für welche Zwecke sowie Gemeindetypen eine Karte hergestellt und an welche Benutzergruppen gedacht wird, können die Darstellungsformen und -inhalte variieren.

Seht Euch zum Schluß noch einmal den Orts- bzw. Stadtplan Eures Heimatortes genau an. Versucht ihn jetzt zu beurteilen und zu kritisieren! Was fehlt Eurer Meinung nach in diesem Plan und warum? Ist die Darstellung übersichtlich und detailliert genug? Wo ist sie Eurer Meinung nach ungenügend? Was ist besonders gut dargestellt und warum? Ist die Erläuterung durch die Legende klar genug? Welchen Personen und Gruppen könnte er auf Fragen Antwort geben, d.h. wem und zu welchen Zwecken könnte er ein sinnvolles Hilfsmittel zur Orientierung sein?
Prüft auch die Anwendung von Orts- und Stadtplänen bzw. Orientierungsplänen in anderen Kapiteln dieses Buches.
Versucht dabei auch Kritik zu einigen Abbildungen und Karten in dieser Lerneinheit und in anderen zu äußern! Wo liegen dort Eures Erachtens Schwächen und Unklarheiten?

3. Wohnungs- und Wohnumweltverhältnisse:
Wie haben sie sich im Laufe der Zeit verändert und wie hängen sie mit der Art zu leben und zu wirtschaften zusammen?

Am Beispiel der Wohnung und des Wohnplatzes (Wohnung und Wohnumwelt) können die einleitenden Ausführungen zur Konzeption gut verdeutlicht werden. Bevor wir uns den heutigen Wohnverhältnissen in ihren Eigenarten und Nutzungsbedingungen zuwenden, wollen wir uns noch über einige grundlegende Bedingungen des Wohnens klar werden. Dabei wollen wir vor allem nachvollziehen, wie sich das Wohnen in unterschiedlichen Zeiten entwickelt hat und wie sich das in Abhängigkeit von Gesellschaftsstruktur und Wirtschaftsweise (bei jeweils gegebenen Nutzungsansprüchen) vollzog. »Wohnen« ist somit jeweils Ausdruck von bestimmten Produktions- und Sozialverhältnissen und deren Bedingungen und prägt gleichzeitig die Art der Raum- und Umweltwahrnehmung.

Wir haben einleitend von den Bildern gesprochen, die in Worte gepackt werden. Überlegt einmal, was in dem Wort »nach Hause« alles drin steckt. Warum heißt es »zu Hause« und »nach Hause«, obwohl die meisten Menschen bei uns in der Bundesrepublik gar kein eigenes Haus haben, sondern nur eine Wohnung; und doch sagt man nicht, ich gehe »nach Wohnung« oder ich bin »zu Wohnung«. In dem Wort »zu Hause« steckt also das Wort Haus. – Wenn z.B. ein Engländer sagt, daß er nach Hause will, sagt er etwas anderes, er sagt nämlich »at home«. Er unterscheidet also zwischen Heim und Haus, er sagt nicht »my house is my castle«, sondern »my home is my castle«. Wenn man das ins Deutsche übersetzen würde, dann müßte man sagen, meine Wohnung ist meine Burg. Das würde aber niemand tun und so wird dieser Satz übersetzt: mein Haus ist meine Burg. Dieses Beispiel zeigt uns, welche unterschiedlichen (Wunsch-?) Vorstellungen sich hinter einem Wort bzw. Begriff verbergen können und welche Schwierigkeiten (und Verzerrungen) auftreten, wenn mit bestimmten Vorstellungen gekoppelte Worte in eine andere Sprache übersetzt werden sollen. Genauso verhält es sich mit Wörtern und Begriffen, die Sachverhalte bezeichnen, die wir gesehen haben und nun in Sprache übersetzen, d.h. sprachlich ausdrücken wollen. Wenn man nun »nach Hause« sagt, dann verbinden wir damit meist Wohnung, Eltern, Familie, Hund, Katze usw.

3.1 Was die Begriffe Wohnen, Wohnlichkeit, Wohnraum und Wohnort ausdrücken

Wichtig ist es hiernach, die mit den Worten »Wohnung« und »Wohnen« verbundenen Merkmale und Inhalte näher zu klären, um dadurch unsere Vorstellungen über Wohnen herauszubekommen.

Laßt uns einmal überlegen, woran wir denken, wenn wir von »Wohnen« sprechen und welche weiteren Begriffe es gibt, in denen das Wort Wohnen enthalten ist.

Mit »Wohnen« verbinden wir in der Regel so etwas wie »Zuhause sein«, irgendwo »fest Hingehören«, »verwurzelt« sein (im ursprünglichen Wortsinn bedeutet Wohnen »sich erfreuen, Gefallen finden und darum bleiben«). In der Wohnung halten wir uns also nicht so auf wie an jedem anderen Ort, sondern unser Verhältnis zur Wohnung ist durch viel stärkere gefühlsmäßige Beziehungen gekennzeichnet. Wohnen drückt damit den Gegensatz zum zufälligen, kurzfristigen Aufenthalt an einem beliebigen Ort aus und meint gleichzeitig, daß wir vom Außenraum immer wieder in die Wohnung zurückkehren.

Von »Wohnen« direkt abgeleitet ist der Begriff »*Wohnlichkeit*«. Er wird im Sinne von Behaglichkeit, Gemütlichkeit oder Vertrautheit (vgl. »trautes« Heim) verwendet. Also meint man wohl, daß mit dem Wohnen stets solche Werte

20 Sozial- und wirtschaftsgeschichtliche Bedingungen von Wohnungsverhältnissen

der persönlichen und familiären Zufriedenheit verbunden sein müßten (später wird gezeigt, woran es bei welchen Gruppen liegt, daß das Leben in vielen Wohnungen diesen Forderungen nicht gerecht wird).

Auch im Begriff »*Wohnraum*« schwingen diese Bedeutungen mit. Er vermittelt uns die Vorstellung der Abgeschlossenheit. Sicherlich können wir alle uns schlecht einen Wohnraum vorstellen, der an allen Seiten Glaswände hat und für die Öffentlichkeit jederzeit einsehbar ist. In Wirklichkeit kommt das Gegenteil vor: Durch Fenstervorhänge wird die Einsicht von außen bewußt verwehrt. Mit Hilfe des Wohnraumes bzw. der Wohnung will sich also der Mensch gegen die Außenwelt abschließen und sich von ihr zurückziehen.

Demgegenüber deuten die Begriffe *Wohnort*, *Wohnplatz* und *Wohnumwelt* bzw. *Wohnumfeld* bereits die Öffnung in den umgebenden Außenraum der Wohnung an. Dieser Außenraum bedeutet zwar für den einzelnen nicht Geborgenheit wie eine Wohnung; die Erfahrungen und Kenntnisse jedoch, die ein jeder im Laufe der Zeit in diesem wohnungsnahen Gebiet gewonnen hat, vermitteln ihm eine gewisse Vertrautheit. Ein ähnlich »vertrautes Raumgefühl« fehlt weitgehend bei fremden Räumen.

3.2 Probleme heutiger Wohnbedingungen und ihre historischen Entwicklungen

All das steckt in dem Wort »Wohnung« drin, wir brauchen das Wort nur zu sagen und wir haben ein angenehmes Gefühl. Dieses Zuhause wollen wir nun näher betrachten. Zunächst nennen wir den Ort, wo wir wohnen wollen, *Wohnplatz*. Stellt Euch nun vor, Ihr seid in einer Ebene und beschließt, daß Ihr hier wohnen wollt.

Ihr werdet Euch etwas zum Wohnen bauen, damit Ihr geschützt seid. Mit den Wänden schützt Ihr Euch von außen ab, also von anderen Lebewesen (Menschen, Tiere) und mit dem Dach gegen Regen und Schnee. Wenn man durch das Dach hindurchsehen könnte, würde es also von oben so aussehen (dabei sieht man das Wohnhaus im Grundriß), wie es die Grundrißzeichnung aus der Vogelperspektive zeigt.

Schiebt an dieser Stelle einmal den Text (Kap. 3.6) dazwischen, der sich am Schluß dieser Lerneinheit befindet. Lest ihn aufmerksam durch und sprecht anschließend über die mögliche Entstehung und die Anfänge menschlicher Behausungen.

Wir nehmen nun weiter an, daß zunächst ein Mensch alleine diesen Platz besitzt und sich um sein Haus einen Garten anlegt. Später kommen aber noch mehr Leute. Für sie ist jedoch anfangs kein Platz da. Der erste Besitzer gibt jetzt seinen Garten her und erlaubt, daß die Hinzugekommenen bauen dürfen. Gemeinsam stellen sie jetzt fest, daß höchstens drei Wohnstätten in den Garten passen.

Abb. 11: Ebene zur Errichtung eines Wohnplatzes

Welche Möglichkeiten fallen Euch ein, damit mehr Leute als nur drei hier wohnen können?

Wenn Boden knapp ist, kann man auf dem gleichen Boden ein Haus für eine Person oder für eine Familie bauen, man kann aber auch, wenn in die Höhe gebaut wird, ein mehrstöckiges Haus für mehrere Familien bauen. – Heute ist z.B. meistens in der Mitte der Städte der Boden besonders knapp und teuer, so daß man hier Häuser mit vielen Wohnungen übereinander errichtet. In jeder dieser Wohnungen wohnt in der Regel eine Familie. Daneben gibt es meist am Rand der Stadt in den Villengebieten ganze Häuser, die als eine Wohnung für nur eine Familie dienen. Diese ›Platzverschwendung‹ kann man sich in den Stadtinnenbereichen und Stadtkernen nicht leisten und auch am Rande der Stadt können hier nur wohlhabende Leute so aufwendig bauen.

Mit der Wohnung schließt eine Familie sich von der Außenwelt ab, und es darf auch kein Mensch in diese Wohnung, der nicht eingeladen ist. Man nennt das *einen privaten Raum*. Demgegenüber nennt man Behörden, Schulen, Theater, Einkaufsstraßen, Marktplätze *öffentliche Räume*. Bereits der Name macht deutlich, daß man in öffentlichen Räumen mehr Menschen trifft als in privaten Räumen.

Jetzt fragt Euch einmal, wie oft Ihr in Euren Räumen in letzter Zeit Leute getroffen habt, die nicht zur Familie gehörten und mit denen man spielen und sich unterhalten konnte. Meint Ihr nicht auch, daß es öfter sein könnte? Wenn der Vater zur Arbeit ist, wer unterhält sich in der Wohnung mit der Mutter? Und wenn die Mutter auch noch arbeitet, wer unterhält sich mit Euch? Und was sagen Eure Eltern dazu, wenn Ihr mit vielen Kindern z.B. aus der Nachbarschaft in der Wohnung spielt?

Angenommen Ihr wohnt allein in einer fremden Stadt, Eure Eltern sind in einer anderen Stadt, da käme keiner auf die Idee, mal in Eure Wohnung zu gehen, um zu schauen, wer da eingezogen ist. Man kann also auf der einen Seite in seinen eigenen vier Wänden sich so verhalten, daß es keinen etwas angeht, andererseits kann man dort aber auch sehr alleine sein. – Meistens haben die Möbel auch soviel gekostet, daß man sie schonen muß, meist sind sie Wohnungen auch so klein, daß sie kaum Platz für eine mehrköpfige Familie bieten und man andere Leute nur ausnahmsweise einladen kann und Kinder in dieser Wohnung auch nicht richtig spielen können und dürfen.

In unseren Wohnungen kann man nur bestimmte Dinge tun, sie erfüllen also ganz bestimmte Aufgaben.

Wir wollen zunächst einmal einige Vorteile sammeln, die ihr weiter ergänzen solltet

1. Man findet in der Wohnung Schutz a) vor dem Wetter, b) aber auch vor anderen Leuten.

2. Es kann keiner in die Wohnung hineinkommen, der nicht von dem Wohnungsinhaber eingeladen ist.

3. Die Nachbarn erfahren nicht, was man innerhalb der Wohnung macht.

4. Die Familie ist in der Wohnung unter sich und kann sich ganz auf sich konzentrieren.

5. Man kann sich einrichten wie man will.

Jetzt überlegt einmal: Ihr kommt müde von der Arbeit oder aus der Schule nach Hause und in der Wohnung sind andere, fremde Leute und unterhalten sich oder spielen Karten. Das wäre ja der Fall, wenn jeder in die Wohnung hinein könnte wie in einen öffentlichen Raum. Ihr hättet keinen Raum, um Euch zu erholen und müßtet am nächsten Tag völlig unausgeruht wieder zur Arbeit oder in die Schule. Man kann also sehen, daß die Art wie wir wohnen, gut geeignet ist, damit z.B. Vater oder Mutter am nächsten Morgen wieder arbeiten können und Ihr ausgeruht zur Schule gehen könnt.

Wie vorher bereits angedeutet wurde, haben Wohnungen auch *Nachteile* z.B. folgende:

1. Ihr dürft oft nicht mit anderen Kindern in der Wohnung das spielen, was Euch gefällt.
2. Man muß in der Wohnung sehr leise sein, weil es sonst die Eltern stört oder die Mitbewohner bzw. Nachbarn.
3. Man muß vorsichtig sein, weil man die teuren Möbel beschädigen könnte.
4. Die Wohnung ist oft zu klein. Eine größere dagegen ist vielen Familien zu teuer.
5. Wenn einem einmal in der Wohnung etwas passiert und er wohnt alleine ohne Verwandte oder gute Bekannte, kümmert sich keiner um ihn.

Man könnte ja jetzt auf die Idee kommen, diese Nachteile abzuschaffen. Dazu ist es gut zu wissen, daß z.B. unsere Art zu wohnen, auch nicht immer so war, wie sie heute ist; sie hat sich wie alles in der Welt geändert, und unsere Kinder werden wieder z.T. andere Formen des Wohnens vorfinden, weil sich bis dahin wieder viel geändert haben dürfte.

Abb. 12: Typisches Beispiel einer bürgerlichen Wohnbebauung aus dem späten 19. Jahrh.

Schaut Euch Wohnhäuser bzw. Wohnungen zu verschiedenen Zeiten an und versucht bereits hier, die diesen Wohnformen entsprechenden Wohnverhältnisse zu rekonstruieren einschließlich der möglichen Rückwirkungen auf die dort lebenden Familien (Abb. 12–22).

Um diese Frage am besten beantworten zu können, wäre es sinnvoll, wenn einzelne Schülergruppen sich mit bestimmten Wohnformen genauer befaßten. Versucht Euch dabei auch zu erinnern, wo Ihr vergleichbare Wohnformen bereits einmal gesehen habt!

Abb. 13: Der neue Berliner Stadtteil »Märkisches Viertel« (im Hintergrund)

Probleme heutiger Wohnbedingungen und ihre historischen Entwicklungen

Abb. 14a: Bürgerliches Wohnhaus der Gründerzeit

Abb. 15a: Arbeiterwohnhaus der Gründerzeit

Achtet bei einer Beschreibung der Wohnverhältnisse und deren Vergleich vor allem auf die Art der Baustoffe, die äußeren Erscheinungsbilder, die Raumgrößen und Raumgliederungen, sowie die Nutzungsmöglichkeiten durch verschiedene Familienmitglieder und Zusammenwohnende. Wichtig wird in diesem Zusammenhang auch die Art des Wirtschaftens sein, die im Rahmen der einzelnen Wohnformen vermutlich vorhanden ist und ebenso die darin zum Ausdruck kommende (industriewirtschaftliche) Entwicklungsstufe.

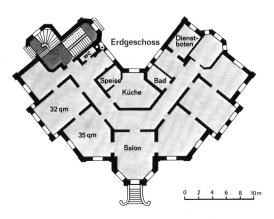

Abb. 14b: Grundriß einer Bürgerwohnung um 1900

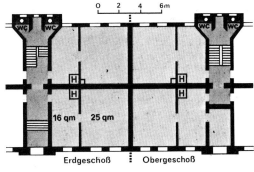

Abb. 15b: Grundriß einer Arbeiterwohnung um 1900

24 Sozial- und wirtschaftsgeschichtliche Bedingungen von Wohnungsverhältnissen

Abb. 16: Bergarbeitersiedlung in Bochum – Werne

Als es noch keine Maschinen und Abhängigkeiten in einer straff organisierten und technisierten Wirtschaft gab, konnten die Menschen noch so leben, wie sie es sich selber einrichteten (z.B. mit Hilfe der in der Umgebung zu findenden Baumaterialien, vgl. Lehmhütten, Zel-

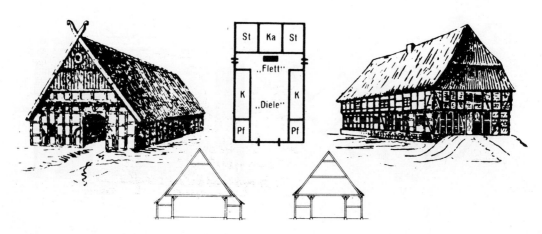

Abb. 17: Niederdeutsche Hallenhäuser (links: Kübbinghaus, rechts: Vierständerhaus)

Probleme heutiger Wohnbedingungen und ihre historischen Entwicklungen 25

Abb. 18: Straße mit alten Fachwerkhäusern in Celle

te, Holzhäuser oder auch Höhlenwohnungen o.ä.). Auch heute gibt es auf niederer Wirtschaftsstufe in einigen Teilen der Welt diese Wohnformen. Deshalb wäre es sinnvoll, auch bekannte »Behausungen« aus anderen Teilen der Welt durchzusprechen (vgl. Abb 18–22).

Abb. 19: Beduinenzelt

Abb. 20: Pfahlhäuser

Abb. 21: Wohnboote

Probleme heutiger Wohnbedingungen und ihre historischen Entwicklungen 27

Abb. 22: Höhlenwohnungen

Bei uns dagegen finden wir andere Bedingungen: Der Vater und oft die Mutter müssen zur Arbeit, weil die Maschinen in den Betrieben und Unternehmen aus wirtschaftlichen Gründen nicht stillstehen dürfen. Früher ging der Jäger nur dann auf Jagd, wenn er hungrig war und auch er konnte sein Tagewerk so einrichten, wie er es selber wollte. Zu diesem Zeitpunkt gab es bestimmte Wohnformen. Wenn Ihr überlegt, könnt Ihr sogar selber darauf kommen.

Wenn der Jäger dem Wild nachziehen muß, was meint Ihr, welche Hausform am geeignetsten ist? Welches Baumaterial, Wände aus Stein oder aus Holz bzw. Lehm oder ein Zelt aus Fellen?

Zu jener Zeit gab es auch noch keine Menschen, die von anderen Menschen Geld fürs Wohnen verlangten. Wenn man etwas zu essen brauchte, ging man auf die Jagd und die Beute teilte man auf. Genauso war es mit den landwirtschaftlichen Erträgen. Da damals alle Menschen gleiche Rechte hatten und keine besitzmäßigen Unterschiede vorhanden waren, konnte der, der stärker und vielleicht auch der bessere Schütze war, daraus keinen Nutzen ziehen und für sich vielleicht mehr behalten. Der tüchtigste Schütze gab also das, was er mehr schoß, an die Gemeinschaft ab und so kam es, daß die Wohnform auch diesen Gemeinschaftsgeist widerspiegelt. Diese Wohnform bevorzugte keinen (z.B. durch Zuweisung von Extrazimmern). Die Wohnung hatte also zu der damaligen Zeit folgende Bedingungen gleichzeitig zu erfüllen: Man mußte in ihr *schlafen, wohnen* und *wirtschaften* können. Die Wohnung war also gleichzeitig auch der Ort, an dem gearbeitet wurde. Heute wird bei uns ja grundsätzlich außerhalb der Wohnung – meist in Fabriken, Geschäften und Büros – gearbeitet. Das alles war früher unter einem Dach, nämlich in der Wohnung, was man auch aus dem Grundriß dieser früheren »Wohnung« erkennen kann.

3.3 Nichtindustrielle Wohnformen: Die Beispiele des Lappenzeltes und des Sippenhauses in Südost-Asien

Ein Wohnplatz, der noch heute die geschilderten Bedingungen erkennen läßt, ist z.B. das *Lappenzelt*. Die Lappen sind eine Volksgruppe, die in Nordskandinavien im Verlaufe eines Jahres zwischen Sommerweidegebieten (im Gebirge) und Winterquartier im südlicher gelegenen Flachland hin- und herziehen, um ihren Rentierherden gute Futtervoraussetzungen zu schaffen. Sie errichten »Zeltwohnplätze«, die sie dann im Laufe des Jahres entsprechend der Zugrichtung der Rentiere verlegen. Heutzutage sind sie jedoch bereits überwiegend zu »festen« Wohnungen und Häusern übergegangen.

An dem Grundriß das lappländischen Zeltes kann man sehen, daß Männer wie Frauen gleichwertige Plätze in der Hütte einnehmen. Keine Personengruppe wird nach diesem Grundriß bevorzugt behandelt. In der Mitte ist der Feuerplatz, um ihn sammelt sich die ganze Sippe. Die Kinder, die hier groß werden, haben ständig die Mütter und Frauen um sich herum. Auch die Männer arbeiten oft zu Hause in der Wohnung, wenn sie z.B. ihre Werkzeuge und Geräte herrichten. Aus diesem Grundriß ersehen wir also, welche Bedürfnisse der dortigen Bevölkerung erfüllt werden: Das immer brennende Feuer in der Mitte, um das sich die Bewohnerschaft des Zeltes gruppiert. Die Schlafabteile der Männer und Frauen wie die der anderen Familienangehörigen unmittelbar anschließend an den Feuerraum. Der Hinterraum des Zeltes ist für die etwas unsaubere Arbeit der Tieraufbereitung und Häutebearbeitung vorgesehen. Dieser Raum hat einen Hintereingang; auf der anderen Seite der Haupteingang, der den Frauen vorbehalten ist. Kommt ein Gast in das Haus, so wird er von den Frauen gleich an die anschließende Feuerstelle geleitet.

Aus dieser Wohnung kann man die Art und Weise erschließen, wie Lappen leben, wirtschaften und sich ernähren. In der heutigen Zeit lassen sich weitere Beispiele finden, wo

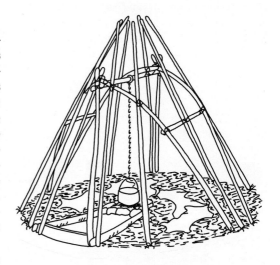

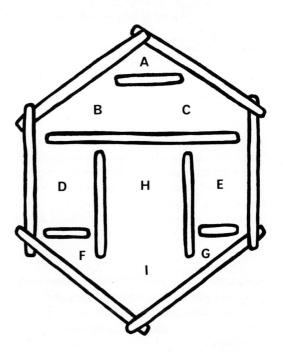

Abb. 23: Lappenzelt mit Grundriß. A: Kleine Tür (Männer und Jagdbeute). B/C: Bereich der Männer. D: Bereich von Mann und Frau. E: Bereich der Knechte. F/G: Bereich der Frauen I: Haupttür. H: Feuerplatz, Hackklotz.

Menschen so wohnen, wie es die Arbeit, die sie verrichten, notwendig macht. Ihr alle habt sicherlich schon einmal Reis gegessen. Der Reis ist eine Pflanze, die einer ganz besonderen Pflege bedarf; außerdem wächst sie nur bei bestimmten klimatischen Verhältnissen (viel Wasser zur Anbauzeit, Trockenheit zur Reifezeit und nie Temperaturen unter 20 °C – vgl. Monsunklima). Ihr Anbau ist sehr arbeitsintensiv. Man braucht dazu viele Personen, und so kommt es, daß in weiten Teilen Südostasiens, aber auch im alten Japan, große Familien (Sippen) leben, die alle zusammenwohnen und Reisanbau betreiben. Die klassische alte Wohnung dort, die es heute nur noch in wenigen Gebieten gibt, ist ein Haus (Hütte) mit nur einem einzigen großen Raum (das sog. Sippenhaus). Durch die teilweise Anpassung an moderne Wirtschaftsweisen ist diese Wohnform weitgehend verändert worden und mit ihr die typischen Beziehungen und gegenseitige Abhängigkeiten in den Familien.

Im *traditionellen Sippenhaus* gibt es nur bestimmte Ecken, in denen Kinder sich aufhalten und wieder andere Ecken, in der sich die alten Leute aufhalten. Sonst aber wohnt die ganze Sippe: Vater, Mutter, Tanten, Onkel, Omas usw. in einem großen Raum, der allen gehört. Kinder haben auch kein eigenes Spielzeug, sondern es gehört allen. Und da sich die Kinder draußen frei und ohne die Gefahren modernen Verkehrs bewegen können, brauchen sie auch kein besonderes Spielzeug, wie z.B. in unseren Wohnungen. Ihr Spielraum liegt aufgrund dieser Wohnverhältnisse vor allem außerhalb des Hauses. So wie hier alle Kinder kein jeweils eigenes Spielzeug haben, gibt es auch bei den Erwachsenen innerhalb der Sippe in der Wohnung keinen aufgeteilten Besitz. Das Haus gehört allen. Auch die Werkzeuge, mit denen der Boden bearbeitet wird, befinden sich im Gemeinschaftsbesitz der Sippe. Das entspricht auch den wirtschaftlichen Erfordernissen. Denn für relativ arme Bauern läßt sich Reisbau nicht ohne die Hilfe von vielen anderen Menschen betreiben. Da müssen Dämme gezogen werden, da müssen die Felder bewässert und bearbeitet werden

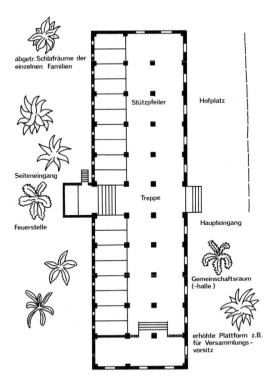

Abb. 24a: Grundriß eines Sippenlanghauses bei den Minangkabau, West-Sumatra

(bei oftmals mehreren Reisernten im Jahr!); das ganze Jahr über müssen also viele Leute auf dem Feld ihre Arbeit verrichten. Außerdem gibt es keine Krankenversicherung und auch keine Altersversorgung. Wenn jemand krank oder alt wird, springt die ganze Familie ein. Die Omas werden also von anderen versorgt und versorgen ihrerseits auch wieder die Kinder. Jeder hilft jedem. Es ist klar, daß es hier einer großen Familie bedarf, wo alte und junge Leute sich gegenseitig helfen. Im Reisbau gibt es nun Zeiten, da müssen die Männer auf die Felder, und zu dieser Zeit versorgen die Frauen die Kinder. Es gibt aber auch Zeiten, wo die Frauen auf die Felder gehen, und da versorgen vorwiegend die Männer und älteren Frauen die Kinder. So hat also jedes Kind zu bestimmten Zeiten andere Bezugspersonen. Aus all dem ist ersichtlich, daß Kinder in tradi-

Abb. 24b: Sippenlanghaus, West-Sumatra

tionellen Sippenhäusern Südostasiens anders erzogen werden als z.B. Kinder in der Bundesrepublik.

Faßt an dieser Stelle noch einmal die Eigenarten der Arbeitsbedingungen und der entsprechenden Wohnverhältnisse zusammen, die Ihr am Beispiel des Lappenzeltes und des Sippenhauses kennengelernt habt.

3.4 Wohnformen als Ausdruck sozialer und wirtschaftlicher Bedingungen

Die unterschiedlichen *Erziehungseinflüsse* zeigen sich – wie wir gesehen haben – an den verschiedenen *Wohnungsformen*. Aber auch die *wirtschaftlichen Verhältnisse* und die dadurch geprägten *Abhängigkeitsverhältnisse* werden *durch die Wohnform ausgedrückt.* Bei den Lappen bilden z.B. die Nahrungszubereitung und kleine handwerkliche Verrichtungen im Zusammenhang mit der Feuerstelle die einzig produktiven Funktionen, denen das Haus zu dienen hat. Das Sippenhaus Südostasiens ist lediglich Wohnstätte und Kommunikationsort für die Großfamilie, die ihre wichtigsten wirtschaftlichen Tätigkeiten außerhalb des Hauses, nämlich auf dem Feld, verrichtet (Reisanbau). Die wirtschaftliche Funktion des Hauses besteht nur darin, kleinere handwerkliche Verrichtungen im Zusammenhang mit der Feldbestellung und der Nahrungsaufnahme zu gewährleisten.

Versucht nochmals, die Wohnformen der Abb. 12–23 in ihren sozialen Bedingungszusammenhängen zu analysieren.

Das Beispiel der landwirtschaftlichen Häuser und Gehöfte

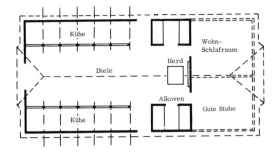

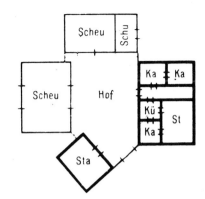

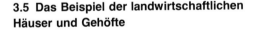

Abb. 25: Niederdeutsches Bauernhaus: Grundriß und Vorderansicht

Abb. 26: Bajuwarischer Vierseithof aus dem Inn-Gebiet

3.5 Das Beispiel der landwirtschaftlichen Häuser und Gehöfte

Wenn man nun fragt, welche Funktion unsere heutige Wohnung hat, dann ist es wichtig festzuhalten, wie sich die Produktionsstätte, die ja das Lappenzelt noch war, langsam aus der Wohnung herausverlagert hat. Stadtwohnungen sind z.B. heute fast ausschließlich für Wohn- und Freizeit (also für die von der Arbeit freien Zeit) da. Demgegenüber werden in *landwirtschaftlichen Häusern und Gehöften* noch zahlreiche wirtschaftliche Aufgaben wahrgenommen, z.B. folgende:

1. Vorratshaltung (für Menschen und Tiere)
2. Viehzucht
3. Teilweises Bearbeiten und Lagern von landwirtschaftlichen Produkten
4. Handwerken, Gerätepflege
5. Backen.

Im niederdeutschen Hallenhaus (»Einhaus«) haben wir diese Funktionen z.B. unter einem Dach (vgl. Abb. 25).

Genauso gibt es im landwirtschaftlichen Bereich auch mehrere Häuser, die einer Bauernfamilie gehören. Diese sind für jeweils verschiedene Funktionen da und bilden zusammen ein Gehöft (Wohn- und verschiedene Wirtschaftsgebäude sind also getrennt). Oftmals sind auch im Laufe der Zeit wachsende wirtschaftliche Funktionen aus dem ursprünglichen »Einhaus« herausverlagert worden, weil sie dort keinen Platz fanden (vgl. Abb. 26). Das Ganze nennt man auch einen Hof. Der Platz, auf dem sich ein Großteil des häuslichen Lebens abspielt, über den z.B. die Wege zu

Abb. 27: Wohnküche

den Ställen und Gebäuden gehen, auf dem geschlachtet wird und andere Arbeiten verrichtet werden, gibt seinen Namen für das ganze Anwesen her. Das Wohnen hat aufgrund der starken hauswirtschaftlichen Aufgaben, die hier außerdem zu erledigen sind (vgl. Abb. 27), noch starken Gruppencharakter. Oft hält sich die Familie in einem großen Raum auf, der gleichzeitig Wohnraum, Küche, teilweise Wirtschaftsraum usw. in einem ist.

Im Laufe der Zeit haben sich aber die Funktionen, die jeder Haushalt früher mitübernahm, aus dem Haus bzw. Gehöft herausverlagert. Es gibt nun Stellen, die z.B. das Schlachten übernehmen (Schlachthöfe). Es gibt Lagerhäuser im Dorf, die das Saatgut lagern, und Kühlhäuser, wo man Vorräte in Kühlfächern einlagern kann, Bäckereien, wo man Brot kaufen kann und Lebensmittelläden. Diese Funktionen sind sogenannte Dienstleistungsfunktionen (und die ihnen zugeordneten Einrichtungen nennt man Versorgungs- bzw. Infrastruktureinrichtungen). Es genügt natürlich nicht, wenn nur ein einziger Hof Dienstleistungen in Anspruch nimmt, denn dann könnte kein Schlachthof oder keine Bäckerei existieren und kein Kühlhaus rentabel sein. Erst wenn viele Höfe, also viele Menschen Brot brauchen und viele Bauern Vieh schlachten, lohnt es sich, diese Versorgungen in einem Dienstleistungsort zusammenzufassen.

Wenn der Bauer jetzt Brot braucht, geht er nicht mehr auf den Speicher oder in seine Backstube, sondern er muß sein Haus verlassen und zum Bäcker gehen; genauso ist das beim Einkaufen, bei handwerklichen Erledigungen (z.B. Schmied, Reparaturwerkstätte) oder wenn die Kinder zur Schule gehen. So entstehen mit einer größeren Ansammlung von Bauernhöfen und Familien auch Versorgungs- bzw. Infrastruktureinrichtungen. Wohnen also viele Familien in einem Ort, so lohnt es sich, solche Funktionen gesondert anzusiedeln. Auf dem Dorf ist dies genauso wie in der Stadt. In größeren Siedlungen gibt es dann eine Vielzahl von Versorgungseinrichtungen wie Bäckereien, Lebensmittelläden, Schulen, Krankenhäuser, etc., wie beispielsweise in Städten. Stadt bedeutet nämlich in der Hauptsache eine größere Wohnbevölkerung mit einer gehäuften Ansammlung von solchen Dienstleistungen. Und damit hängt es auch zusammen, daß sich das Wohnen in wachsenden ländlichen Siedlungen wie in einer Stadt geändert hat. Die einzelnen Funktionen werden dort von »Spezialisten« wahrgenommen, wie Bäcker, Schneider, Schmied usw., und deshalb braucht der einzelne nicht mehr alles selbst zu machen. Das bedeutet für die Familie, daß sie kleiner werden kann, weil es ja andere Leute gibt, die gegen Geld diese Verrichtungen ausführen. Es braucht also nicht mehr im Bauernhaus oder in der Wohnung produziert werden, sondern es wird in eigens dafür hergestellten Werkstätten produziert. In der Wohnung verbringen die Familien nur noch ihre von Arbeiten und der Eigenversorgung (z.B. Einkaufen) freie Zeit – die Freizeit. Man kann also sehen, daß Wohnungen bei uns heute ganz anderen Zwecken zu dienen haben, seitdem die Arbeitsstätten von den Wohnplätzen weggerückt sind. Weder in dem Lappenzelt noch im Sippenhaus in manchen Gebieten Südostasiens kann man – wie wir gesehen haben – allein sein. Auch im großen Wirtschaftsraum (»Wohnküche«) des alten Bauernhauses war man den ganzen Tag über mit anderen Familienmitgliedern zusammen. Demgegenüber sind Stadtwohnungen bei uns jetzt in mehrere Zimmer aufgeteilt und jedes kann auf seine eigene Art genutzt werden. In diesen Zimmern kann man alleine sein, wie z.B. im Schlafzimmer oder im Arbeitszimmer, oder in Gesellschaft sein, wie z.B. im Wohnzimmer. Jedes Zimmer wird also nur für bestimmte Zwecke genutzt.

3.6 Über die mögliche Entstehung und die Anfänge menschlicher Behausungen

»Einer unserer Vorväter, der als Sammler und Jäger durch die Wildnis streifte, war es eines Tages überdrüssig, nach anstrengendem und wechselvollem Tagesgeschehen sich abend für abend einen Unterschlupf im Dickicht, auf Bäumen oder in schützenden Höhlen zu suchen. Er umgrenzte ein kleines Stück Natur und machte es sich zu eigen, um dort zu bleiben. Unter einem Dach fand er Schutz vor dem kalten Regen, dem Schnee, vor der sengenden Sonne. Er zog Wände gegen den Sturm, gegen die wilden Tiere und den feindlichen Nachbarn.

Später ließ er Öffnungen in den Wänden, die Fenster. Denn er brauchte Licht und vor allem: er hatte gemerkt, daß die Natur nicht nur voller Feinde war und daß der neugeschaffene Raum dagegen nicht isoliert sein sollte. Er wollte die Bäume sehen, den Vogel, der in die Luft steigt, den Frühling, den Sommer, das bunte Laub im Herbst, den Schnee im Winter. Durch den Gegensatz von Außen und Innen wurde ihm die Geborgenheit seines neuen Hauses bewußt.

Der Mensch ist ein Erfinder. Bald genügte ihm das Dach aus Stangen und Blättern und die Wand aus Rutenflechtwerk oder Steinbrocken nicht mehr. Er brannte den Ton zu Ziegeln, hieb Bäume zu Balken, errichtete Fachwerk und Dachstuhl, mischte Kies und Zement zu Beton und machte sich Stahl und Glas für seine Behausung nutzbar.

Als ein Wesen des Geistes ordnete er die Dinge seiner Umwelt. Er schuf in seinen eigenen »vier Wänden« eine menschliche, von ihm erfundene und für sich gültige Ordnung eines kleinen Bereiches in der grenzenlosen Natur: Er schafft die Form, in der er leben kann.

So kann man sich die Entstehung der menschlichen Behausungen vorstellen. Was hat sich da heute geändert? Im Grunde nichts. Jeder, der sich ein Haus baut, steht noch vor der gleichen Situation wie der Mensch der Urzeit. Da er sich in den langen Jahren der Zivilisation von der Natur entfernt hat, ist seine Sehnsucht nach ihr größer denn je. Er liebt die Bäume, die

34 Sozial- und wirtschaftsgeschichtliche Bedingungen von Wohnungsverhältnissen

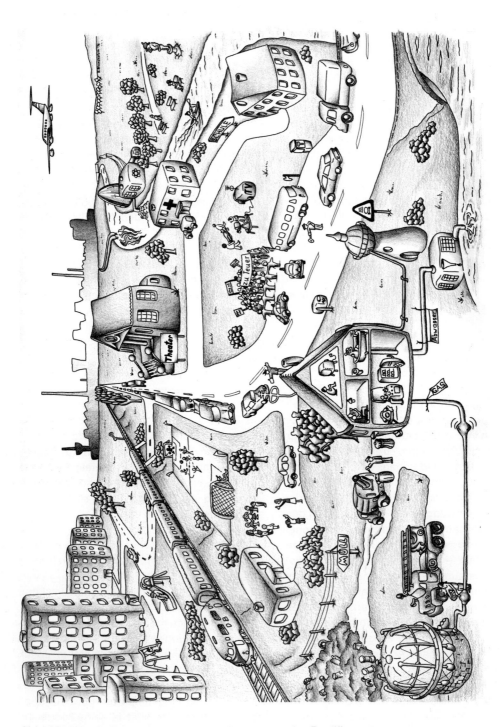

Abb. 28: Infrastruktureinrichtungen zur Versorgung der Bevölkerung

Pflanzen, die Tiere, er freut sich der Sonne, des Regens, des Tages und der Nacht. Aber auch heute noch braucht er Schutz, denn er fürchtet die brennende Hitze, den Sturm, den peitschenden Regen . . .«
(W. Landzettel, ländliches Wohnen. München 1964, S. 30)

3.7 Zur räumlichen Infrastrukturausstattung in größeren Orten und Städten

Nachdem Ihr die vorhergehenden Erläuterungen aufmerksam durchgelesen habt, schaut Euch bitte die Zeichnung (vgl. Abb. 28, S. 34) genau an! Sammelt zunächst alle Beobachtungen, die Ihr dort macht.

Versucht abschließend die einzelnen Versorgungs- und Infrastruktureinrichtungen zu erklären! Welche Aufgaben nehmen sie wahr und für wen? Auf welche Einrichtungen könnte man nach Eurer Meinung verzichten und warum? Welche Folgen ergeben sich daraus?
Versucht auch räumliche Beispiele zu finden, bei denen eine Versorgung mit bestimmten Infrastruktureinrichtungen nicht vorhanden ist! Wie wirkt sich dieses Fehlen auf die dort lebende Bevölkerung aus? Oder klärt auch die Frage: Welche Infrastruktureinrichtungen verursachen welche »Umweltbelastungen«? Wer wird vor allem davon betroffen? Sprecht auch über die Frage der nach Eurer Meinung günstigsten Standorte!

4. Wohnungen und Wohnumweltverhältnisse heute: Welche Forderungen sind an sie zu stellen und welche Nutzungen sollten sie ermöglichen?

Ihr wart sicherlich schon in verschiedenen Wohnungen und Häusern. Dabei werdet Ihr bemerkt haben, daß es Wohnungen mit vielen und wenigen Zimmern gibt und solche mit viel Platz und wenig Platz (auch in der Wohnumgebung). Die Familien (bzw. Haushalte), die in einer Wohnung leben, bestehen aus einer unterschiedlichen Zahl von Mitgliedern in verschiedenen Altersstufen. Auch wird Euch aufgefallen sein, daß Wohnungen in voneinander abweichenden Haustypen liegen, die eine bestimmte Lage innerhalb einer Stadt oder eines Dorfes haben. Einmal befinden sich z.B. Spielflächen, Geschäfte und Schwimmbad in der Nähe des Hauses und ein anderes Mal nicht. Im Folgenden wollen wir versuchen herauszufinden, woran es liegt, daß es bei uns so unterschiedliche Haus- und Wohnungstypen gibt und die Wohnverhältnisse unterschiedliche Bewertungen und Verhaltensweisen der Bewohner zur Folge haben. Eine wichtige Frage lautet also: Wer wohnt in welcher Wohnung und Wohnumwelt? Warum wohnt jemand dort und mit welchen Erfahrungen und Folgen für sein Verhalten und seine Einstellung?

4.1 Welche Forderungen sind an eine Wohnung zu stellen?

Ihr werdet sicherlich nicht alle genau die gleichen Forderungen an eine Wohnung haben. Das hängt mit Euren Erfahrungen zusammen, die Ihr in der Wohnung der Eltern oder auch in anderen von Euch oft aufgesuchten Wohnungen gesammelt habt. Folgende Fragen sollen Eure bisherigen Erfahrungen offenlegen:

Wer hat z.B. ein eigenes Zimmer oder wer bewohnt es zusammen mit Geschwistern? Wer

besitzt keinen Raum, in den er sich einmal in aller Ruhe und ganz alleine zurückziehen kann, um z.B. Schularbeiten zu machen? Wo spielt Ihr in der Wohnung z.B. bei schlechtem Wetter? Könnt Ihr dort auch oft Besuch von Spielkameraden empfangen? Beantwortet einmal diese Fragen!

Viele werden ihre eigenen Wohnverhältnisse als ganz »normal« empfinden und die dort gemachten Erfahrungen als Bewertungsmaßstab beim Bewerten anderer Wohnverhältnisse nehmen. Z.B. wird ein Schüler, der schon lange sein eigenes Zimmer hat, seinen ganzen Tagesverlauf in der Wohnung darauf eingestellt haben. Er könnte sich sein Leben ohne eigenes Zimmer kaum noch vorstellen und wird deshalb von dieser Erfahrung her urteilen. Er hat beispielsweise die Schwierigkeiten noch nicht »am eigenen Leibe« wahrgenommen, die sich beim Zusammenleben von Familienmitgliedern in viel zu kleinen Wohnungen ergeben, speziell wenn Kinderzimmer fehlen, in die man sich beliebig zum Spielen, Lesen, Schularbeiten machen, Schlafen etc. zurückziehen kann.

Selbstverständlich haben auch Eure Geschwister und Eltern das Verlangen, in aller Ruhe auszuspannen, zu lesen, sich zu unterhalten, eigene Interessen zu pflegen oder zu schlafen. Das bedeutet, daß Wohnungen auch für diese Zwecke genügend Räume – meist sogar gegeneinander abgeschlossene Räume – enthalten sollten. Natürlich wollen sich die einzelnen Familienmitglieder, die einen Haushalt bilden, nicht nur einander aus dem Wege und in ihre eigenen Zimmer gehen. Sie wollen auch häufig miteinander reden, sich gegenseitig um Rat fragen und Freunde empfangen. Dafür müssen auch genügend große Räumlichkeiten vorhanden sein. Meistens dienen dazu die Wohnzimmer.

Schließlich werden in einem Haushalt noch viele »häusliche« Tätigkeiten verrichtet. Das Essenkochen gehört genauso dazu wie das Wäschewaschen und die Körperpflege. Hierfür müßten also Küche, Wäsche-, Trockenraum, Bad und Toilette zur Verfügung stehen.

Auch ein Werk- und Hobbyraum ist sehr sinnvoll. Welche Aufgaben sollen also Wohnungen erfüllen? Zusammenfassend könnten wir sagen:

Eine Wohnung sollte Räume enthalten, die dem Alleinsein dienen (*Individualbereich*, z.B. Arbeiten, Entspannen, Schlafen), dem Zusammensein der Familienmitglieder und befreundeter Personen (*Kommunikationsbereich* – z.B. Wohnraum) und solche, die als *technische Räume* (Küche, Bad, Waschraum, Keller) für besondere, aber unerläßliche Aufgaben da sind. Die Wohnung stellt den einzigen Bereich dar, in dem sich der einzelne bzw. die Familie ohne fremde Beeinträchtigung frei bewegen kann. Je nach Bedarf und Belieben kann man ankommen oder weggehen, essen, trinken, singen, schlafen, sich an- bzw. umkleiden, Besuch haben oder Geselligkeit pflegen.

Eine Wohnung muß also den Aufgaben eines Haushaltes insgesamt und den verschiedenen »Rollen« gerecht werden, die die einzelnen Familienmitglieder spielen bzw. nach denen sie sich verhalten. Deshalb ist bei der Frage nach Größe und Aufteilung der Wohnung wichtig, *welche Tätigkeiten* einzelne Haushalte und Familienmitglieder in der Wohnung verrichten müssen und wollen (z.B. Freunde empfangen, bestimmten Hobbies nachgehen, musizieren oder gar berufliche Arbeiten erledigen, wie es z.B. bei einigen Berufsgruppen wie Rechtsanwälten, Lehrern, Künstlern etc. noch üblich ist). Diese Tätigkeiten und mit ihnen die Wohnformen sind natürlich – wie wir zuvor gesehen haben – sehr verschieden.

In jedem Fall sind Wohnungen also Spiegelbild menschlichen Handelns als Ausdruck gewisser gesellschaftlich-kultureller und wirtschaftlicher Bedingungen und Wertvorstellungen (vgl. dazu die vorangehende Lerneinheit).

Die Größe und der Zuschnitt der Wohnung müssen im einzelnen die Tatsache berücksichtigen, daß die Familienmitglieder trotz aller Verbundenheit oft sehr unterschiedliche Tätigkeiten ausführen wollen und müssen. Deshalb wird z.B. auch ganz konsequent die Forderung erhoben, daß in jeder Familie min-

destens 1 Raum pro Person vorhanden sein sollte. Für eine Wohnung hieße das, darauf zu achten, keinen Raum nur für eine Nutzung allein vorzusehen. Denn sonst ließen sich die vielen denkbaren Tätigkeiten der einzelnen Familienmitglieder auf keinen Fall in einer durchschnittlich großen Wohnung koordinieren..
Eine bekannte Wissenschaftlerin führt z.B. zu den Werten, die eine Wohnung nach der Vorstellung befragter Bewohner erfüllen soll, folgendes aus:
»Auch hier ergibt sich eine Hierarchie; das wichtigste ist genügend Raum, an zweiter Stelle steht eine moderne technische Ausstattung, an dritter Stelle die Separationsmöglichkeit und an vierter Stelle die Trennung der Funktionen, d.h. die Möglichkeit, den Schlaf- und Badeteil von dem Wohnteil abzuschließen und Küche und Eßraum zu trennen.« – An anderer Stelle: »Grundriß und Größe der Wohnung, Anordnung und Zuschnitt der Räume wären im Zusammenhang mit dem Sozialverhalten der wohnenden Familien zu sehen. Wenn die Küche nicht mehr als Aufenthaltsraum genutzt wird und zunehmend weniger als Eßraum, so ist das eine Verhaltensänderung, die mit tiefgreifenden kulturellen Wandlungen zusammenhängt. Soziale Wandlungen wie mehr Einkommen, Freizeit, längere Schul- und Berufsausbildung haben räumliche Folgen; sie erfordern den abgeschlossenen Arbeitsplatz oder den Werkraum. Die um den Fernsehapparat gruppierte Familie wird ihre Möbel anders stellen als die um den Familientisch mit Hängelampe versammelte Familie. Vielleicht muß das Wohnzimmer ein anderes Format bekommen.« (E. Pfeil, Großstadtforschung. Jänecke Verlag, Hannover 1972, S. 222).

Sprecht über dieses Beispiel! Überlegt einmal, welche Forderungen aus Eurer Sicht an eine Wohnung gestellt werden müssen. Greift gegebenenfalls auf jene, die hier aufgeführt sind, zurück! Stellt dabei zusammen, für welche Tätigkeiten nach Eurer Meinung eine Wohnung Platz bieten sollte. Begründet Eure Meinungen!

4.2 Probleme des Wechsels von Wohnung und Wohnumwelt

Mit der Wohnung und der Wohnumwelt sind die Bewohner oft sehr fest verwurzelt. Viele Familien leben bereits seit mehreren Generationen in der gleichen Wohnung. Auf der anderen Seite gibt es aber auch viele Familien, die (oftmals) umziehen müssen oder wollen und die sich dann jeweils mit neuen Wohnungs- und Wohnumweltverhältnissen vertraut machen müssen.

**Fragt Euch einmal, welche Gründe eine Familie zu einem Wohnungswechsel veranlassen könnten. Bedenkt dabei auch die möglichen Folgen für die Familienmitglieder, vor allem die Eingewöhnungsprobleme für Kinder, Erwachsene und alte Leute! Fragt einmal Eure Eltern, ob, wie oft und warum Ihr umgezogen seid! Fragt sie danach, welche Eingewöhnungsschwierigkeiten am neuen Wohnstandort auftraten!
Auch wenn Eure Eltern noch nie umgezogen sind, könnt Ihr die Frage stellen, ob sie sich einen Umzug vorstellen könnten und was dafür und dagegen spricht.
Wenn Ihr gemeinsam über diese Fragen sprecht und Eure Informationen austauscht, werdet Ihr bereits wichtige Probleme des Wohnungswechsels herausfinden.**

Jetzt stellt Euch einmal folgenden Fall vor: Ein junges Ehepaar hat gerade geheiratet und verdient so wenig Geld, daß es sich lediglich eine kleine Wohnung (z.B. eine 2-Zimmer-Wohnung) leisten kann. Dann wird nach 2 Jahren das erste Kind geboren und nach fast 4 Jahren das zweite. Ihr könnt Euch leicht ausmalen, daß die kleine 2-Zimmer-Wohnung keinen Raum für das Aufwachsen von Kindern bietet. Eine überfüllte Kleinwohnung fördert nicht die Selbständigkeit der heranwachsenden Kinder. Sie schafft aufgrund der Enge innerfamiliäre Konflikte, gegenseitige Behinderung und Gereiztheit. Wenn die Familie jetzt kein Geld hat, eine größere Wohnung einzurichten und zu mieten oder in zumutbarer Entfernung keine größere Wohnung angeboten wird – was häufig vorkommt – so können bei diesen Wohngrößenverhältnissen erhebliche Beeinträchtigungen des Familienlebens und bei der Erziehung der Kinder (bis hin zu einer gestörten, nervösen oder gar aggressiven Charakterentwicklung) eintreten. Kommt es in diesem Fall zum Umzug, so wäre es günstig, wenn die Familie im gleichen Wohnbezirk bleiben könnte. Denn hier hat sie sich eingelebt, kennt andere Personen und Einrichtungen und fühlt sich in der vertrauten Umgebung wohl. In einer viel späteren Phase, wenn die Kinder groß sind und einen eigenen Haushalt gegründet haben, wäre es günstig, wenn die geschrumpfte Familie wieder in eine räumlich kleinere Wohnung ziehen könnte (z.B. wegen der geringeren Mietkosten sowie Wohnungs- und Pflegearbeiten). Bei älteren Leuten ist es besonders wichtig, daß die Vertrautheit und Verbundenheit zu der ehemaligen Wohnumwelt, an der sie zwischenmenschliche Beziehungen und gefühlsbetonte Kontakte zu vielen Einrichtungen geknüpft haben, erhalten bleibt. Deshalb sollte der Umzug auch hier – wenn überhaupt – im vertrauten Wohngebiet stattfinden, sollen Verhaltensänderungen, die dann durch die neuen Wohnverhältnisse erzwungen werden, vermieden werden. Für den Wohnungsbau wäre aus diesen Überlegungen heraus zu fordern, daß in einer Wohngegend unterschiedlich große Wohnungen für verschiedene Haushaltstypen gebaut werden sollten – und eventuell auch Wohnungen erstellt werden müßten, die in der Raumaufteilung leicht veränderbar sind.

Wohnungswechsel *(Wanderungen)* können auch aufgrund anderer Ursachen erzwungen sein. So habt Ihr sicherlich bereits von Fällen gehört, wo Berufstätige, z.B. Beamte, in andere Orte versetzt wurden, oder wo eine Fabrik stillgelegt wurde und die Arbeiter zu Arbeitsplätzen in anderen Betrieben abwandern mußten. Ebenso können Sanierungsvorhaben viele Bewohner zum Verlassen ihrer alten Wohnungen zwingen (vgl. Lerneinheit »Zur Sanierung von Altbaugebieten und Altstädten«). – Die durch den erzwungenen Wohnungswechsel veränderten Verhaltensweisen können die Innen- und Außenbeziehungen der Familienmitglieder sehr stören (z.B. Kontakt zu Bekannten und Fremden, Zufriedenheit mit der eigenen Situation).

Den erzwungenen Wohnungswechseln stehen die mehr freiwilligen gegenüber. Wenn Einzelpersonen oder Familien freiwillig (z.B. ohne berufliche oder gesundheitliche Notwendigkeiten) umziehen, so tun sie dies, um nach ihrer Bewertung bessere Wohnverhältnisse zu erreichen (z.B. größere Wohnungen; besser ausgestattete Wohngebiete, die ein höheres soziales Prestige genießen und Lebenschancen erhöhen; gute Freizeitmöglichkeiten in der Umwelt etc.). In diesem Sinne bedeutet Wohnungswechsel Absicherung des »sozialen Status« (klärt diesen Begriff!) oder sozialen Aufstieg.

Was meint Ihr, welche Gruppen führen solche Umzüge durch? Warum wohl? Versucht, dieser Frage auch in Euch bekannten Siedlungsvierteln des Heimatortes nachzugehen und dort Zuziehende und Fortziehende nach den Gründen ihres Umzuges zu fragen.
Überlegt Euch dabei einmal den Fall, wenn aus einem Stadtbezirk die wirtschaftlich gut gestellten Familien mit hohem sozialen Ansehen ausziehen, wie es oft in Altbauvierteln geschieht. Welche Folgen treten auf? Jetzt könnt Ihr sicherlich schon allein herausbekommen, was dieser Vorgang für die dortigen Wohnverhältnisse bedeutet (vgl. auch Lerneinheit »Zur Sanierung von Altbaugebieten und Altstädten«).
Versucht, weitere Gründe für erzwungene oder freiwillige Wohnungsumzüge herauszubekommen! Wie verhalten sich vielleicht Haus- und Wohnungseigentümer im Hinblick auf Wohnungswechsel?

4.3 Einige Wohnungsgrundrisse: Wie sie entstehen und was sie aussagen.

Ein Wohnungsgrundriß stellt eine Wohnung so dar, wie wir sie sehen, wenn wir durch die

Decke blicken. Mit Hilfe des Grundrisses kann sehr genau der Zuschnitt der Wohnungen, insbesondere Größe und Anzahl der Räume sowie die Lokalisation von Türen, Fenstern und Wänden und die Exposition (d. h. Lage nach den Himmelsrichtungen) der Räume aufgezeichnet werden.

Wie die Ausführungen über die Entwicklung der Wohnungsverhältnisse zeigten, spiegelt die Wohnung als »Behausung« zu verschiedenen Zeiten und in unterschiedlichen Kulturkreisen die kulturelle und wirtschaftliche Entwicklungsstufe wider (vgl. Lappenzelt, Sippenhaus, Bauernhaus (Einhaus), heutige Stadtwohnung). Sie läßt auf die Lebensweise und Bedürfnisse der Bewohner schließen sowie auf soziale Verhältnisse, in die die Familienmitglieder eingespannt sind (z.B. wer verrichtet wo welche Tätigkeiten?).

In unserer Industriegesellschaft, die als eine bestimmte geschichtliche Entwicklungsstufe verstanden werden kann, gibt es nun, wie Ihr überall beobachten könnt, sehr unterschiedliche Wohnformen und -größen. Es gibt ebenso viele verschiedene Haustypen, Wohnungsausstattungen und Siedlungsgebiete.

Versucht einmal den Haustyp zu benennen, in dem Ihr wohnt, und den Grundriß Eurer Wohnung aufzuzeichnen (Räume, Wände, Türen, Fenster, Exposition)! Achtet dabei auf den Maßstab! Bei einem Vergleich wird z.B. herauskommen, daß es bei Euch unterschiedliche, 2-, 3-, 4-, 5 oder Mehrzimmerwohnungen gibt.

Es werden vermutlich Miets- und Eigentumswohnungen bzw. Eigenheime vorkommen und unterschiedliche Anordnungen der Räume. Allerdings werden auch die Haushalte unterschiedlich viele Familienmitglieder umfassen. Je eher mindestens ein genügend großer Raum pro Familienmitglied vorhanden ist, desto günstiger werden im allgemeinen die Wohnverhältnisse beurteilt werden.

Wie kommt es nun, daß die Wohnungsgrößen und -qualitäten so unterschiedlich sind? Dieser Frage wollen wir uns jetzt zuwenden.

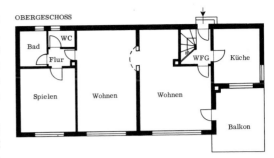

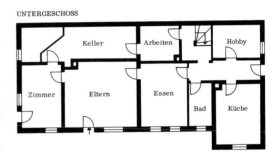

Abb. 29: Grundriß eines Einfamilienhauses einer 4köpfigen Familie

Besprecht die folgenden Abbildungen und vergleicht diese beispielsweise mit Abb. 15a, und beschreibt diese Beispiele (Abb. 15a/b und 29/30)! Wie alt sind wohl die Häuser? Wie sieht es mit den Spielmöglichkeiten in der Nähe des Hauses aus? Wie verhält sich die Zahl der Familienmitglieder zur Zahl der

Abb. 30: Modernes und komfortables Einfamilienhaus

Wohnräume? Wo besitzt jedes Familienmitglied einen Raum zur eigenen Nutzung? Wo sind vor allem genügend Kinderzimmer vorhanden? Welches Beispiel ist insgesamt günstig bzw. ungünstig zu beurteilen? Woran mag es wohl liegen, daß eine Familie eine ungenügende und zu kleine Wohnung hat? Wie beurteilt Ihr die Chancen, daß eine solche Familie jederzeit in eine bessere Wohnung ziehen oder sogar ein Eigenheim erwerben kann o.ä..

Die Beispiele zeigen uns, daß nur einige Menschen und Familien ihre Vorstellungen vom guten und gewünschten Wohnen verwirklichen können. Für andere wird eine »freie Wohnungswahl« nie Realität, d.h. sie verdienen bzw. besitzen dafür nicht das nötige Geld. Sie müssen sich mit festgelegten, zu kleinen Wohnungen abfinden, die oftmals noch viele weitere Mängel aufweisen.

Besonders für sozial schwache und große Familien fehlen bei uns billige und genügend große Wohnungen.

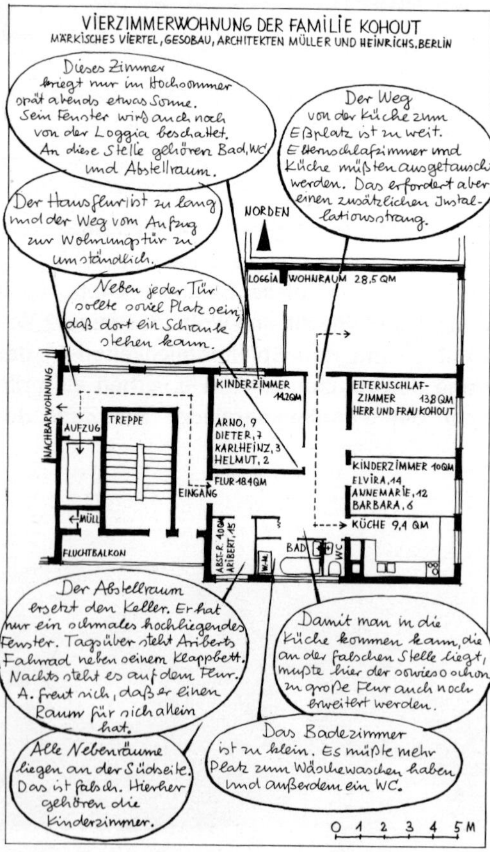

Diskutiert einmal auf der Grundlage Eures jetzigen Kenntnisstandes, welche Auswirkung die dargestellte Wohnung der Abb. 31 auf das Familienleben und die Kindererziehung hat! Beachtet dabei die technische Ausrüstung, die Raumaufteilung und Exposition! Könnt Ihr Euch vorstellen, in welcher Weise die jeweiligen Wohnverhältnisse den Spieltrieb und die Eigenständigkeit der Kinder und Verhaltensweisen und Stimmung der Erwachsenen beeinflussen? Welche Verhaltensweisen und Konflikte können auftreten? Denkt auch an außergewöhnliche Situationen, z.B. wenn ein Familienmitglied schwer krank wird und dringend Ruhe braucht.

4.4 Die Wohnumwelt als notwendiger Bestandteil des Wohnens

Unser tägliches Wohnerlebnis ist nicht nur auf den Innenbereich der Wohnung und des Hauses beschränkt, sondern greift auch über auf benachbarte Gruppen von Häusern, die Straßen, Grünflächen und das ganze Wohnviertel. Diese Nahumgebung des Wohnens, die sogenannte Wohnumwelt, wird von uns aufgesucht, wenn wir zur Schule, zum Spielen, Baden, Einkaufen und sonstigen Verrichtungen und Besuchen die Wohnung verlassen. Hier in der Wohnnachbarschaft treffen wir unsere Freunde, kennen viele Personen, die wir grüßen und mit denen wir uns oft unterhalten und haben bevorzugte Orte, die wir zum Spielen und als Treffpunkte aufsuchen. Ein bekannter Wissenschaftler drückt das so aus: »Wir wohnen nicht nur in unseren 4 Wänden, sondern auch in unserem Quartier; Wohnlichkeit erwarten wir auch in der Wohngegend«. (H. P. Bahrdt, Humaner Städtebau 1972, S. 19)

Abb. 31: Eine Vierzimmerwohnung im Märkischen Viertel (Berlin)

**Überlegt einmal, welche Einrichtungen und Spielflächen Ihr für die tägliche Benutzung in gut erreichbarer Nähe haben möchtet! Zählt sie auf und begründet, warum Ihr Euch für diese oder jene entscheidet! Denkt gleichzeitig daran, wie die Wünsche von Schülern wohl ausfallen würden, die in ganz unterschiedlichen Räumen wohnen (z.B. auf dem Dorf, in einer Industriestadt, in einem Fremdenverkehrsort oder sogar in völlig anderen Ländern, z.B. Afrika)!
Versucht auch die Frage zu beantworten, ob Ihr gerne in ein anderes Stadtviertel oder einen anderen Ort ziehen würdet. Begründet Eure Aussagen!**

So wie Ihr haben andere Bewohnergruppen auch ihre eigenen Wünsche an die Wohnumwelt. So ist es z.B. im Interesse von Kleinkindern am günstigsten, wenn deren Spielplätze unmittelbar an das Haus angrenzen, von Straßen weit genug entfernt liegen und von den Eltern jederzeit aus der Wohnung eingesehen werden können. Erwachsene wollen Treffpunkte vorfinden, an denen sie Kontakte zu anderen Leuten pflegen können, genau wie ältere Menschen, die, vielleicht nicht durch Kinderlärm gestört, sich in vertrauter Umgebung wohlfühlen möchten. So stehen oftmals viele Interessen in Konflikt miteinander, wobei sich allerdings viele Konflikte durch einen besseren Wohnungsbau beheben ließen. Am Wohnungsbau jedoch wollen viele Leute verdienen (z.B. der Bodeneigentümer, der Bauunternehmer, der Vermieter), so daß Bauen in erster Linie unter wirtschaftlichen Gesichtspunkten gesehen wird (möglichst dichte und hohe Bebauung der Parzellen, keine Gemeinschaftsräume, Kinderspielplätze, Grünanlagen etc.). Dadurch kommen die berechtigten Bedürfnisse und Anliegen der Bewohner zu kurz.

4.5 Merkmale und Konflikte in unterschiedlichen Wohngebieten

Versucht einmal die Konflikte zu diskutieren, die aus folgenden Zitaten von Bewohnern aus dem Märkischen Viertel, einem großen Neubaugebiet für fast 60000 Menschen in Berlin, abgeleitet werden können:

»Diese Steinwüste sagt mir nicht zu.«
»Die Bauweise erinnert mich an einen Kasernenhof.«
»Die nächsten Häuserblocks sind zu nahe dran.«
»Der Fahrstuhl wird von den Kindern oft als Spielplatz genutzt.«
»Im Treppenhaus ist durch die Kinder ständig Radau.«
»Der Lärm der Kinder und Jugendlichen ist unerträglich.«
»Die Wege werden als Rennbahnen benutzt.«
»Die Aussicht ist infolge der vorgebauten Häuser schlecht.«

Abb. 32: Mietshochhäuser im Märkischen Viertel

»Wir haben zwei Balkone, aber keiner liegt zur Sonnenseite.«
Aus einer anderen Quelle:
»Nicht nur das Krankenhaus und den Friedhof hat man bei der Planung vergessen,« sagt Pfarrer Hühne, »alle notwendigen Hilfseinrichtungen sind einfach zu kurz gekommen.« »Die Menschen«, meint sein Kollege Damm, »empfinden sich als Nummern und vermissen Treffpunkte und Läden.« (Der Spiegel 45/1970)

Überlegt, was eine vernünftige Stadtplanung hier tun müßte, um den Bedürfnissen der verschiedenen Bewohner gerecht zu werden! Woran kann es liegen, daß sich andere Interessen durchsetzen? Versucht, nachdem Ihr die Abb. 32–36 aufmerksam betrachtet habt, die verschiedenen Wohnumwelten zu beschreiben und zu typisieren – auch hinsichtlich ihrer Lage und ihrer sozialen Struktur! Wo wird der Spiel- und Bewegungstrieb von Kindern besonders stark eingeengt und warum?

Wo gibt es weitere Vor- oder Nachteile, die Ihr für wichtig haltet?
Welche Treffpunkte gibt es in den einzelnen Beispielen, um miteinander in Kontakt zu treten, um zu spielen, sich zu unterhalten oder etwas anderes in der Freizeit zu tun? Welche Raumerfahrungen machen wohl Kinder und Erwachsene in der Nähe der verschiedenen Wohnformen? Wie kann sich die jeweilige Wohnatmosphäre und Raumwahrnehmung auf die Verhaltensweisen auswirken? (Denkt dabei an die möglichen Gegensätze einer unbewußten, einseitigen Anpassung auf der einen Seite und auf der anderen an Unzufriedenheit, Bedrückung, Ohnmacht und Aggressionen auslösende Verhaltensweisen!).
Welche gefühlsbetonten Beziehungen würdet Ihr zu den einzelnen Wohnumwelten entwikkeln? Wo würdet Ihr Euch wohlfühlen und warum? Woran liegt es, daß nicht alle Leute sofort wegziehen können, wenn sie die Verhältnisse in ihrer Wohnumwelt als unzureichend und unzumutbar empfinden?

Abb. 33: Bungalow- und Einfamilienhausgebiet

Merkmale und Konflikte in unterschiedlichen Wohngebieten 43

Abb. 34: Mietsblöcke des sozialen Wohnungsbaus am Stadtrand von München

Abb. 35: Wohnhäuser vor einer Kokerei (Bottrop, Ruhrgebiet)

44 Entstehungs- und Nutzungsbedingungen heutiger Wohnverhältnisse

Abb. 36: Moderner landwirtschaftlicher Aussiedlerhof

4.6 Einige Meinungen über Wohnungsprobleme, über die Ihr diskutieren solltet

Was meint Ihr in diesem Zusammenhang zu dem oft zu hörenden Ausspruch: »Zuerst bauen die Menschen Häuser und dann formen die Häuser die Menschen«? – Diskutiert über dieses Sprichwort! Nachstehend findet Ihr noch einige Meinungen über Wohnungs- und Stadtprobleme von bekannten Wissenschaftlern, die Ihr mit Euren Erfahrungen und Meinungen vergleichen solltet.

»Eine Stadt, die ihren Kindern keine weitläufigen Spielplätze, die ihren Jugendlichen keine leicht erreichbaren Sport- und Tummelplätze bietet, ihnen keine Bäder und Jugendzentren in der Nachbarschaft zu ihren Wohnstätten verschafft – eine solche Stadt darf sich nicht wundern, wenn ihre erwachsenen Bewohner dann später nicht am politischen Leben der Gemeinde Anteil nehmen...«
(A. Mitscherlich, Thesen zur Stadt der Zukunft. Suhrkamp Verlag, Frankfurt 1971, S. 9/10.)
»Der Charakter der verschiedenen räumlichen Umwelten trägt dazu bei, soziale Situationen zu definieren, teils unmittelbar erzwingend, indem nur bestimmte soziale Verhaltensweisen möglich, andere unmöglich gemacht sind, teils mittelbar durch Symbole, deren normative Qualität erlebt ... werden!«
(H.P. Bahrdt, Humaner Städtebau, München 1972, S. 112)
»Die Kritik an der visuellen Umwelt in den Städten meint offenbar anderes als Unzulänglichkeiten der Gebäudearchitektur – sie bezieht sich auf das Fehlen städtischer Räume, auf den Mangel an Abwechslung und Eindruckreichtum in Wohngebieten, auf die Monotonie und Maßstabslosigkeit der Zentren.«
(G. Albers, Was wird aus der Stadt? Piper Verlag, München 1972, S. 97)
»Je dichter oder ausgedehnter die Zusammenballungen werden, desto stärker müssen sich Gewohnheiten und Notwendigkeiten des sozialen Lebens wieder an irgendwelche be-

Einige Meinungen über Wohnungsprobleme 45

stimmte Orte anhaften können, um sich nicht allzuschnell abzustumpfen. Wohnviertel bieten hier eine relative Stabilität. Sie gehören für das Individuum als Mitglied einer Gruppe oder für eine ganze Gruppe zu den sichersten Anhaltspunkten.« (A. Silbermann, Vom Wohnen der Deutschen. Westdeutscher Verlag, Köln und Opladen 1963, S. 114)

5. Wie sind Städte gegliedert und warum gibt es städtische Teilgebiete mit unterschiedlichen Gebäuden und Aufgaben?

5.1 Häuser und ihre Aufgaben (Gebäudefunktionen)

Wenn Ihr von der Schule kommt, wo geht Ihr dann hin? Es gibt Menschen, die keine Wohnungen haben: Überlegt einmal, was diese Menschen dann tun? Was müssen sie entbehren? Dazu ist es wichtig, daß Ihr zu folgenden grundlegenden Aufgaben einer Wohnung eine Stoffsammlung durchführt und die Euch wichtig erscheinenden einzelnen Aufgaben (oder, wie man oft sagt »Funktionen«) festhaltet, die zum Zusammenleben der Menschen und Familien wichtig sind. Ordnet Eure Stoffsammlung nach den folgenden 3 grundlegenden Aufgaben:
1. Schutzfunktion (wovor sollen Wohnungen schützen?)
2. Soziale Funktion (welche sozialen Beziehungen – z.B. innerhalb der Familie und zur Öffentlichkeit – sollen Wohnungen ermöglichen?)
3. Wirtschaftliche Funktion (welche wirtschaftlichen Tätigkeiten sollen in Wohnungen stattfinden?)

Jeder Mensch braucht in unseren Breitengraden zum Leben eine »Behausung«. Diese Behausung schützt ihn vor Regen, Kälte und Hitze. Aus diesem Grund hat eine Wohnung Wände und ein Dach. Wie nun das Dach gebaut wird, die Wände errichtet sind und aus welchem Material sie bestehen, kann in vielen Gebieten der Erde sehr unterschiedlich sein.

Nennt Gründe, warum beispielsweise ursprüngliche Häuser in warmen Gebieten Afrikas anders aussehen als in den »gemäßigten Breiten« Europas!

Häuser können auch sehr verschieden sein, weil sie verschiedenen Zwecken dienen.

Setzt bei den folgenden Haustypen jeweils hinzu, welche Aufgaben dort erledigt werden können bzw. zu welchem Zweck Ihr diese eventuell aufsuchen könntet.

Abb. 37: Rundhütten in Nigeria

46 Gliederung von Städten nach unterschiedlichen Gebäuden und Aufgaben

Abb. 38: Pfahlbau auf Sumatra

**Ordnet also den Häusern die »Funktion« zu, die Ihr für typisch haltet. Zum Beispiel Bauernhaus:
Heimstätte für Mensch und Vieh**

Fabrik	Restaurant
Kirche	Gaswerk
Schloß, Burg	Schule
Bahnhof	Kurhaus
Hochhaus	Erholungsheim
Mietshaus	Parkhaus
Hotel	Krankenhaus
Eigenheim	Museum
Kaufhaus	Theater
Rathaus	Wasserwerk

Zeichnet von einzelnen typischen Gebäuden möglichst Seitenansichten (sog. Aufrisse) auf, und – wenn Ihr es könnt – auch Grundrisse. Fragt Euch anschließend, wo diese Gebäude am ehesten anzutreffen sind, z.B. im Dorf bzw. auf dem Lande, im Gebirge, an Flüssen, am Stadtrand oder in der Innenstadt (einer Groß- bzw. Kleinstadt).

Unter den oben genannten Gebäuden und Häusern gibt es solche, in denen viele Menschen ein- und ausgehen und solche, in denen weniger Menschen verkehren. Gebäude, in die jeder zur Erledigung einer Aufgabe eintreten kann, sind »*öffentlich*«; diejenigen, in denen nur Familienmitglieder Zugang haben, sind »*privat*«. Laden wir dagegen Freunde, Bekannte und auch Fremde in unsere Wohnung ein, so stellen wir eine begrenzte Öffentlichkeit her (man könnte dann auch von »halböffentlich« sprechen).

5.2 Gebäudefunktionen und Viertelsbildung

Zählt einmal auf, welche Häuser mit »Öffentlichkeitscharakter« Ihr in Eurem Wohnort (Stadtviertel) kennt und beschreibt mit Hilfe

einer Karte des Ortes (Orts- bzw. Stadtplan), wo diese Häuser stehen. Sollte von Eurer Gemeinde kein Ortsplan vorhanden sein, so zeichnet den Grundriß und das Straßenmuster der Gemeinde auf und tragt dort die entsprechenden Gebäude ein. Liegen diese z.B. überwiegend
1. am Rand der Siedlung
2. in der Mitte
3. überall gleichmäßig verteilt
4. in einem bestimmten Ortsteil konzentriert?
Zeichnet danach auf, wo die Läden liegen, in denen Ihr und Eure Eltern einkaufen!

Wenn Ihr das Verteilungsmuster einzelner Gebäudetypen betrachtet, werdet Ihr merken, daß oftmals Häuser mit den gleichen Funktionen in einem überschaubaren Raum nahe beieinander stehen. In diesem Fall einer *relativ einheitlichen Funktion in einem Gebiet* spricht man von *Vierteln* und den Vorgang, der dazu führt, nennt man *Viertelsbildung*.

**Gibt es in Eurem Wohnort ein Industrie- bzw. Fabrikviertel? Wenn ja, so zeichnet dieses Viertel (oder diese Viertel) in den Orts- bzw. Stadtplan oder in Euren selbst angefertigten Grundrißplan ein! Tragt weiterhin die einzelnen Wohnviertel in Eurem Wohnort ein! Wo liegen diese und welche Art von Häusern findet man dort vor allem (z.B. Eigenheime, 2- bis 3-Familienhäuser, Mietsblöcke, Hochhäuser)?
Stellt Euch auch die Frage, warum es wohl zur Bildung von sozialräumlich unterschiedlichen Wohnvierteln kommt!
Und fragt Euch gleichzeitig, ob solche Viertelsbildungen wohl eher in kleinen, mittleren oder großen Städten eindeutiger ausgeprägt sind. Warum? Kennt Ihr unterschiedlich große und eindeutige Viertel aus verschiedenen Stadttypen, die auch rein äußerlich sofort »ins Auge springen«?**

Z.B. ist es für den Bauern sehr wichtig, von seinem Haus aus möglichst schnell zu den landwirtschaftlich genutzten Feldern und Flächen zu gelangen. Deshalb sollte sein Haus möglichst nahe an seinem »Arbeitsrevier« (Acker, Feld, Grünland) liegen.

5.3 Viertelsbildung bedeutet Überwindung von Entfernungen

**Versucht jetzt einmal, den Arbeitsplatz Eurer Eltern zu beschreiben und die Entfernung dorthin zu messen. Wohnt die Familie auch wie der Bauer in der Nähe des Arbeitsplatzes? Wieviel Zeit brauchen Euer Vater oder Eure Mutter, um an den Arbeitsplatz zu gelangen? Wie lang ist die Wegstrecke?
Wieviel Zeit braucht Ihr demgegenüber, um an Euren Arbeitsplatz – die Schule – zu gelangen? Rechnet Hin- und Rückweg zusammen und vergleicht diese Zeit mit der durch Schulunterricht verbrachten Zeit! An wieviel Tagen im Jahr legen Eure Väter oder Mütter diesen Weg zur Arbeit zurück bzw. an wieviel Tagen im Jahr geht Ihr in die Schule? Rechnet jeweils die Stunden bzw. Kilometer zusammen, die insgesamt im Jahr für den Weg zum Arbeitsplatz gebraucht werden! Vergleicht z.B. diese Zeit mit derjenigen, die Eure Eltern zu Hause verbringen (vor allem auch Samstag-Sonntag)!**

Sicherlich werden die meisten Eurer Berechnungen verdeutlichen, daß durch die Art, wie wir heute leben, sehr viel Zeit für die Wegstrecken verwendet werden muß, um zu den Arbeitsplätzen, aber auch zu den vielen Gebäuden mit »öffentlichem Charakter«, zu gelangen.
Zusammenfassend läßt sich also sagen: Wenn wir – so wie wir es tun – alleine mit unserer Familie wohnen wollen, ziehen wir in eine private Wohnung oder ein privates Haus. Arbeiten aber müssen wir meist an einem bestimmten entfernt gelegenen Standort mit anderen Kollegen zusammen. Wir müssen uns also – oft unter erheblichem Zeitaufwand – von der privaten Wohnung weg zum Arbeitsplatz bewegen, der von vielen gleichzeitig aufgesucht wird und deshalb einen »öffentlichen Charakter« trägt. *Arbeiten und Wohnen sind also heute*

in der Regel räumlich getrennt. Das war, wie wir später sehen werden, in der Vergangenheit keinesfalls immer so.

Heute sind noch viele Fabriken sehr dreckig, die Arbeit verursacht häufig sehr viel Lärm und auch die Luft, die die Menschen dort atmen müssen, ist in vielen Fällen stark verunreinigt. Deshalb versucht man, die Wohngebiete von den Arbeits- und Industriegebieten räumlich zu trennen, damit die Arbeiter sich im Wohnbereich von der Arbeit erholen und ihre Arbeitskraft wiederherstellen können.

Obwohl »Wohnen« und »Arbeiten« heute voneinander entfernt wahrgenommen werden, also eine räumliche Entfernung zwischen ihnen liegt, haben beide Tätigkeiten doch sehr viel miteinander zu tun. Man spricht deshalb auch oft vom *Produktionsbereich,* in dem gearbeitet wird, und dem dazugehörenden *Reproduktionsbereich* der Wohn- und Freizeitsphäre. So werden z.B. Arbeiter, die an ihrem Arbeitsplatz durch starken Lärm strapaziert werden, sicherlich sehr viel Ruhe zum Ausgleich in ihrem Wohnbereich nötig haben. Oder jemand, der den ganzen Tag verunreinigte Luft einatmen und Gestank ertragen mußte, hat sicherlich nach Feierabend den Wunsch nach frischer und reiner Luft. Schließlich müssen sich viele von der Fließbandarbeit oder ähnlichen Arbeitsabläufen, die sie nicht selbst bestimmen können, die – ohne daß einzelne etwas dagegen unternehmen können – das Tempo der Arbeit und ihren eintönigen Ablauf diktiert, ausruhen. Woran es liegt, daß oft die Wohn- und Freizeitverhältnisse keinen befriedigenden Ausgleich zur strapazierenden Arbeit zulassen, erfahrt Ihr u.a. in der Lerneinheit »Wohnungs- und Wohnumweltverhältnisse...«

5.4 Wer hat wo einen günstigen Standort?

Nun gibt es, wie wir vorher gesehen haben, noch ganz andere Häuser, in denen man sehr verschiedene Tätigkeiten verrichtet: Zum Beispiel Läden zum Einkaufen, Banken und Sparkassen für die Erledigung von Geldgeschäften sowie Häuser und Praxen von Rechtsanwälten, Ärzten und Steuerberatern, deren Dienste man gegen Bezahlung in Anspruch nehmen kann. Die Besitzer bzw. Mieter dieser Häuser werden danach trachten, den Standort ihrer Häuser möglichst dort zu wählen, wo viele Menschen in der Nähe wohnen bzw. ohne Schwierigkeiten hinkommen können. Zum Beispiel gibt es in jeder Stadt einen regen Fußgängerverkehr zum Bahnhof, also werden auch viele Ladenbesitzer versuchen, sich auf der Straße, die zum Bahnhof führt, anzusiedeln. Man nennt eine solche gute Lage für ein Gebäude und dessen Nutzung (»Funktion«) einen *günstigen Standort.*

Der günstige Standort für einen Bauern wird an einer anderen Stelle liegen als der günstige Standort für ein Kaufhaus. Ebenso wird für einen Bahnhof der günstige Standort woanders liegen als für eine schöne Wohnung. Wir haben hier einen Grund dafür, warum ein besiedeltes Gebiet in mehrere Viertel unterteilt ist: einzelne Nutzungen und Funktionen verdichten und ergänzen sich, andere schließen sich weitgehend aus, d.h. sie passen nicht zueinander (einen 2. Grund, der für eine Viertelsbildung noch wichtiger ist, erfahrt Ihr später). Dabei bestehen die einzelnen Viertel meist aus Häusern, in denen die gleichen Funktionen wahrgenommen werden (vgl. Ladenviertel, Bankviertel, Wohnungsviertel (u.a. nach Einfamilienhaus-, Hochhaus- oder Mietsblockbebauung differenziert), Fabrikviertel, Verwaltungsviertel, Klinikviertel etc.).

5.5 Gruppenbezogene Standortwahl und die Probleme der Raumplanung

Nachdem Ihr vorher die einzelnen Viertel in Eurer eigenen Wohngemeinde ausgegliedert und bezeichnet habt, zeichnet bitte auf einem gesonderten Blatt auf, wie Ihr in einem Stadtgebiet die Viertel nach Eurer Meinung optimal verteilen würdet. Sicherlich werdet Ihr dabei merken, daß größere Gemeinden und Großstädte auch deutlicher ausgeprägte und mehr Viertel aufweisen.

Begründet dann, wie und warum Ihr die einzelnen Viertel in einem Stadtgebiet so ordnet.

Bei der Ausführung dieser Aufgabe tut Ihr das, was man *Planung* (Raumplanung, Stadtplanung) nennt. Die Leute, die in einer Stadt solche Planungsarbeiten verrichten und die beste Zuordnung von Raumnutzungen und deren optimale Mischung planen, bezeichnet man als *Stadtplaner.*

Wenn Ihr also die Viertel, so wie Ihr es für richtig haltet geordnet (geplant) habt, stellt auch die Frage, warum es Stadtplanung und Stadtplaner geben muß. Denkt einmal daran, was passieren würde, wenn man alles auf einer grünen Wiese wachsen lassen würde, z.B. wenn jeder sein Haus, seinen Geschäftsladen oder seine Fabrik dort hinbauen wollte, wo er es gerade beabsichtigt.

Jede Gemeinde, Region, jedes Land etc. muß also versuchen, Planung zu betreiben, so daß sich möglichst optimale Nutzungsmöglichkeiten für die Einwohner ergeben. Warum Planung oft scheitert, erfahrt Ihr u. a. in der Lerneinheit »Zur Sanierung von Altbaugebieten und Altstädten«.

Jetzt solltet Ihr Euch fragen, für wen Ihr die Viertel in Eurer Zeichnung geordnet habt.
1. die Ladenbesitzer
2. die Bankbesitzer
3. die Verwaltung
4. die Wohnhausbesitzer
5. der Bürgermeister
6. die Kirche
7. oder für wen sonst nach Eurer Meinung?
Wenn Ihr Euch für bestimmte Gruppen entscheiden solltet, überlegt einmal, inwieweit Ihr eine Gruppe bevorzugt (und damit andere benachteiligt) und inwieweit so etwas möglichst gerecht gelöst werden kann.

Sicherlich muß man doch sagen: Man betreibt also »Raumordnung«, »Raumplanung« oder in unserem Fall »Stadtplanung«, damit die Einrichtungen, die zum Leben nötig sind, nicht nur einer Gruppe, sondern möglichst *allen Bewohnern* zugute kommen. Es sollen nicht nur wenige Bewohner oder bestimmte Gruppen bevorzugt werden und auch Belastungen und Nachteile den wirklichen Verursachern angelastet bzw. möglichst weitgehend ausgeglichen werden.

In einem Rollenspiel können wir dies näher klären: Eine Gruppe stellt die Bodenbesitzer dar, eine andere die Ladenbesitzer; eine weitere Gruppe übernimmt die Rolle der Rechtsanwälte, eine andere die der Stadtverwaltung; eine Gruppe besitzt ein Taxiunternehmen und eine weitere Gruppe vertritt die Interessen der Bank- und Versicherungsunternehmer. Schließlich brauchen wir eine Gruppe, die nur wohnen will; das wollen wir schließlich ja alle, der Bankdirektor ebenso wie der Fabrikarbeiter.

Jede dieser Gruppen zeichnet jetzt in die vorliegende Karte bzw. Planzeichnung mit den einzelnen Stadtvierteln den Standort ein, den sie besonders gerne für sich hätte. Wenn die einzelnen Gruppen ihre Wünsche vergleichen, werden sie feststellen, daß mehrere Gruppen gleiche Viertel für sich beanspruchen. Diese »konkurrierenden« Gruppen versuchen nun, ein bestimmtes zentral gelegenes Viertel für sich zu bekommen.

Was macht dann z.B. die Gruppe der Bodenbesitzer, wenn sie merkt, es interessieren sich mehrere Gruppen für den Grund und Boden und evtl. das dort vorhandene Haus – also für einen Standort in einem Viertel? – Was hat das für den verlangten Preis bzw. für den Verkäufer zur Folge?

Was meint Ihr wohl, wer kann wohl teure, meist zentral gelegene Grundstücke bezahlen und welche Gruppen bekommen den teuren Grund und Boden bestimmt nicht?

Es gibt Leute und Gruppen, die viel Geld haben bzw. verdienen und solche teuren Standorte bezahlen können und solche, die dieses Geld nicht aufbringen können. Wenn wir dieses in unserem kleinen Spiel erkannt haben,

50 Gliederung von Städten nach unterschiedlichen Gebäuden und Aufgaben

ist ein wichtiger Grund, der die Viertelsbildungen verursacht, benannt.
So kommt es also, daß dort, wo für Läden ein günstiger Standort ist – das ist für die meisten im Zentrum oder in der Nähe des Zentrums – eher Banken, Spezialgeschäfte und Kaufhäuser zu finden sind als Kleinläden und Kleingewerbe oder gar Wohnnutzungen. Denn die Kaufhäuser z.B. haben in jedem Fall mehr Geld. Sie verdienen pro m² Fläche bedeutend mehr. Wo der Boden also teuer ist, wird deshalb auch meist eine intensive Nutzung zu finden sein.

Überlegt einmal: Wie werden dort, wo der Boden am teuersten ist, wohl die Hausformen und -höhen beschaffen sein? Begründet Eure Vermutungen! Zeichnet den Aufriß auf!

5.6 Jede Gemeinde braucht Steuereinnahmen, um Infrastruktureinrichtungen zu erstellen

Jeder Erwerbstätige muß bei uns Steuern zahlen. Eure Väter, Eure Mütter, der Nachbar, kurz alle, die in unserem Lande leben und erwerbstätig sind bzw. früher waren. Da sich die Höhe der Steuern nach der Höhe des Einkommens richtet, wird auch derjenige, der viel Geld verdient, mehr Steuern bezahlen. Diese Steuereinnahmen brauchen das Land und die Gemeinden, um Einrichtungen, z.B. Schulen, Kindergärten, Bäder und Verkehrswege zu erstellen, die allen Bürgern zugute kommen sollen. Diese Einrichtungen nennt man *Infrastruktur*. Infrastruktureinrichtungen dienen also dem öffentlichen Zusammenleben der Menschen und ihrer Daseinsfürsorge. Das heißt, es sollen möglichst alle Menschen die lebenswichtigen Einrichtungen schnell und in zumutbarer Entfernung erreichen können.

5.7 Infrastrukturausstattung und Viertelsbildung

Im Mittelpunkt ist die Lage der Wohnung an-

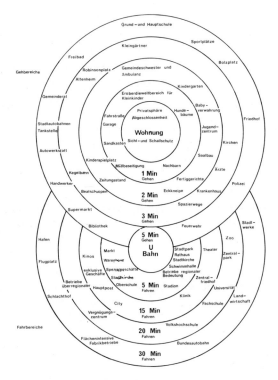

Abb. 39: Räumliche Anordnung von Infrastruktureinrichtungen

gegeben. Um sie herum gruppiert findet Ihr verschiedenste Dienstleistungen, die in einer Wohnung von einer Familie gebraucht werden. Durch Bereitstellung von Infrastruktureinrichtungen müssen die Gemeinden und Städte diese Dienstleistungen ermöglichen.

**Stellt nach dieser Abb. 39 zuerst die wichtigsten Infrastruktureinrichtungen, die die einzelnen Haushalte gebrauchen, zusammen.
Wenn viele wichtige Infrastruktureinrichtungen fehlen, spricht man auch von einer Unterausstattung bzw. Unterversorgung des Raumes und der dort lebenden Bevölkerung. Warum wohl? Kennt Ihr aus eigener Anschauung solche Gebiete? Sprecht über sie und vor allem über die Folgen für die dort lebende Bevölkerung, wenn viele wichtige Einrichtungen fehlen. Klärt dabei auch die Frage, welche Dienstleistungen zu welchen Zwecken gebraucht werden.**

Diese Einrichtungen braucht Ihr und Eure Familie, um leben zu können. Viele Einrichtungen braucht aber auch das Kaufhaus, damit Menschen dorthin gelangen und sich aufhalten und kaufen können bzw. eine Fabrik, um produzieren zu können. Das heißt, ohne diese Infrastrukturleistungen – beispielsweise Schienen- bzw. Wegeanschluß, Elektrizitäts- bzw. Wasser- und Abwasserleitungen könnten die Unternehmen kein Geld verdienen, denn Produkte und andere Stoffe wie Wasser, Abwasser und auch Elektrizität müssen ja transportiert werden.

Jetzt wollen wir einmal gemeinsam überlegen, was passiert, wenn ein Unternehmen in einer Stadt Gastarbeiter aus dem Ausland kommen läßt, weil die Firma ohne diese benötigten Arbeiter nicht genug produzieren kann. Das bedeutet, sie kann ohne diese Gastarbeiter nicht genügend Geld verdienen, sie lastet ihre Produktionseinrichtungen nicht genügend aus.

In einigen Großstädten in der Bundesrepublik gibt es z.B. bis zu 5000 Gastarbeiter, die in einem Betrieb (Unternehmen) arbeiten!

Welche Infrastrukturleistungen muß nun die Gemeinde erbringen, damit die Gastarbeiter in der Fabrik arbeiten können und sie und ihre Familien versorgt sind?

Wenn Ihr wichtige, für diese Arbeitskräfte und ihre Familien bereitgestellten bzw. bereitzustellenden Infrastrukturen, für die die Gemeinden verantwortlich sind, aufgezählt und diskutiert habt, werdet Ihr herausfinden, daß Unternehmer und Fabrikbesitzer Nutznießer guter Infrastrukturen sind. Man kann also sagen, je besser die Ausstattung mit Infrastrukturen in einer Gemeinde ist, desto mehr Unternehmungen werden sich dort auch ansammeln, die diesen Vorteil zum Produzieren ausnutzen. Und die Gemeinden haben ihrerseits auch wieder großes Interesse daran, weil diese Unternehmen die meisten Steuern zahlen. Ist die Infrastruktur dagegen unzureichend ausgebaut, kommen auch keine größeren Firmen dorthin.

Aufgrund ihrer Stellung als Anbieter von vielen Arbeitsplätzen und ihrer entscheidenden Position als kommunale Steuerzahler können die Wirtschaftsunternehmen auch die Gemeinden »unter Druck setzen«. Daraus resultieren dann die vielen Planungs- und Entwicklungsprobleme in den Gemeinden (vgl. dazu andere Lerneinheiten, wie z.B. »Zur Sanierung von Altbaugebieten und Altstädten«, »Vom Recht der Kinder auf Kinderspielplätze«, »Wir planen eine kindgerechte Siedlung«).

Versucht abschließend, die folgenden Bilder zu beschreiben und zu deuten! Um welche Art von Viertelsbildung handelt es sich jeweils? Welche Funktionen (Aufgaben) werden dort überwiegend wahrgenommen? Wo könnten sich diese Viertel befinden: Z.B. in der Innenstadt, in anschließenden Stadtbezirken, in weiteren Stadtrandbereichen oder noch weiter außerhalb der Städte? Begründet Eure Vermutungen und versucht anhand dieser Beispiele noch einmal die Strukturen der Viertel, ihre Lage und Standortmerkmale zu diskutieren!

Welche Gruppen könnten an welchen Standorten interessiert sein und welche (funktions-) räumlichen Aufteilungen und Gliederungen ergeben sich dadurch?

52 Gliederung von Städten nach unterschiedlichen Gebäuden und Aufgaben

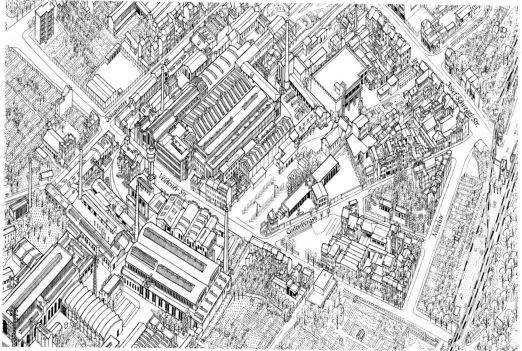
Abb. 40

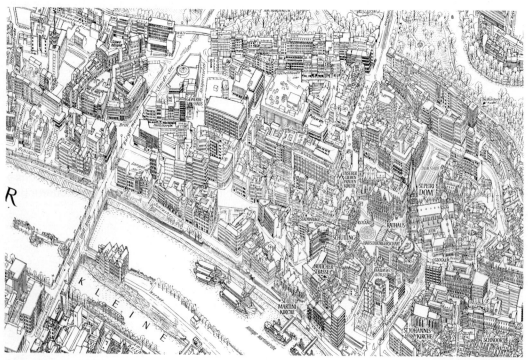
Abb. 41

Infrastrukturausstattung und Viertelsbildung 53

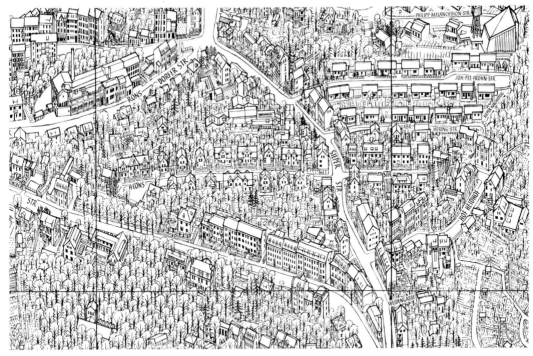

Abb. 42

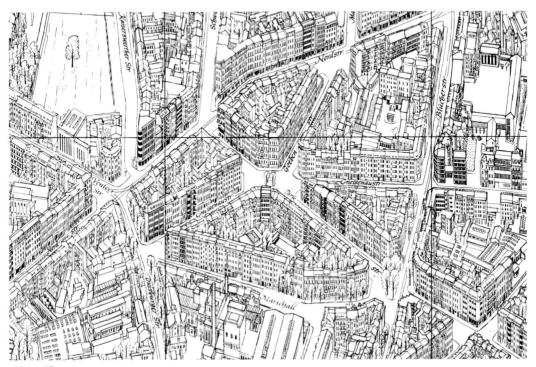

Abb. 43

6. Vom Recht der Kinder auf Kinderspielplätze: Anspruch und Wirklichkeit

6.1 Vorstellungen über den »liebsten Spielplatz«

Als erstes versucht bitte, eine Zeichnung anzufertigen über das Thema: *Mein liebster Spielplatz.*
Es spielt dabei keine Rolle, ob es sich um einen eingerichteten Spielplatz handelt oder um Bolzplätze, Wege, Straßen, Häuserumgebungen, Waldstücke, Flüsse, Schulhöfe oder ähnliches. Zeichnet auch die Spieltätigkeit, die Ihr dort vor allem ausübt.
Vergleicht im Anschluß daran Eure Zeichnungen! Welche Arten von Plätzen wurden dargestellt? Kommen diese in der Nähe Eures Wohnhauses vor? Oder wurden von einzelnen Schülern auch Spielplätze dargestellt, die nicht in Eurer Wohngegend zu finden sind oder Spiele, die dort nicht gespielt werden können? Welche? Warum?

In Euren Zeichnungen drücken sich sicherlich überwiegend die Erfahrungen aus, die Ihr in Eurer Spielumgebung gemacht habt. Eine täglich wahrgenommene Umgebung beeinflußt also Euer Verhalten. Und wenn die Spielmöglichkeiten dort sehr schlecht und wenig abwechslungsreich sind – was ja leider meist, vor allem in größeren Städten, so ist – dann habt Ihr geringe Erfahrungen, wie Spielmöglichkeiten besser sein könnten. Dementsprechend fällt dann auch Eure Zeichnung aus und vielleicht nicht so, wie es später in den Abbildungen 39 bis 44 zum Ausdruck kommt. Eine solche durch die jeweilige Spielumgebung geprägte Erfahrung und Einstellung kommt nicht nur bei Euch vor, sondern auch bei Erwachsenen und Eltern. Vergleicht dazu folgende Aussagen aus einer umfangreichen wissenschaftlichen Untersuchung von 1971:
»Es scheint, als ob die Eltern und andere Erwachsene zu wenig Vorstellungen darüber besitzen, wie eine Spielumgebung, die für Kinder attraktiv (d.h. von Kindern gerne aufgesucht wird) ist und eine differenzierte (d.h. vielfältige) Spielaktivität provoziert (d.h. zuläßt, herausfordert) aufgebaut sein müßte. Das Spielplatzbild der Erwachsenen und – wie die Kinderzeichnungen zeigen – auch der Kinder, ist allem Anschein nach von der monotonen und stereotypen (d.h. einfältigen und wenig abwechslungsreichen) Art geprägt, in der Spielanlagen heute noch immer fast überall gebaut werden.«
Das folgende Kapitel will Euch deshalb weitere Anregungen für die Lage und Ausstattung von Spiel- und Bewegungsräumen geben, die für Kinder besonders geeignet sind. Gleichzeitig sollen die Hintergründe beleuchtet werden, warum solche wichtigen Forderungen so selten bei der Raumplanung berücksichtigt werden. Auch sollen Möglichkeiten zur Verbesserung der Spielplatzsituation diskutiert werden.

6.2 Wie die Spielplatzsituation für Kinder sein sollte

»Zur freien Entfaltung der Persönlichkeit (die eine wichtige Forderung des Grundgesetzes darstellt!) ist es notwendig, entsprechende Möglichkeiten dazu zu schaffen, d.h. die dem Alter und der Lebensweise gemäßen Einrichtungen zur Verfügung zu stellen. Für das Kind sind dieses Flächen und Bereiche, in denen es ungehindert und sicher vor Gefahren spielen kann.« (Bundesminister für Städtebau und Wohnungswesen, Kinder in neuen Städten, Informationen Heft 27, Coburg 1971, S. 47)

Betrachtet einmal folgende Spielplätze und Spielmöglichkeiten und sprecht darüber! Würdet Ihr gerne dort spielen? Habt Ihr ähnliche Spielmöglichkeiten in Eurer Nähe? Vergleicht sie mit diesen.

Wie die Spielplatzsituation für Kinder sein sollte

Abb. 44

Abb. 45

Abb. 46

Abb. 47

Wie die Spielplatzsituation für Kinder sein sollte 57

Abb. 48

Abb. 49

Vom Recht der Kinder auf Kinderspielplätze

Überlegt dabei, welche verschiedenen Aufgaben Grünflächen übernehmen können und vor allem: welche Tätigkeiten Ihr dort ausüben möchtet. Sammelt und stellt die von Euch gewünschten Tätigkeiten zusammen – auch jene, die Ihr sonst überhaupt nicht oder nur selten ausüben könnt. Um Eure Überlegungen anzuregen, seien bereits einige denkbare genannt, z.B.: Hämmern, sägen, matschen, kokeln, Höhlen graben, Feuer machen usw.
Fragt Euch im gleichen Zusammenhang, warum Ihr wohl viele der von Euch genannten Tätigkeiten nicht ausführen könnt.

Ihr könnt Euch denken, daß es zu gefährlich ist, Kinder unbeaufsichtigt und ohne Anleitung gewisse Spiele spielen zu lassen. Deshalb sollten Spielplätze, auf denen das möglich ist, von entsprechend ausgebildeten Aufsichtspersonen betreut werden; ähnlich wie das Spielen in Kindergärten ja auch betreut und angeleitet wird und damit den Kindern gewisse Verhaltensweisen ermöglicht werden.

Habt Ihr bereits von solchen Spielplätzen gehört oder gar dort gespielt?

Sicherlich habt Ihr schon die Namen *Abenteuer-Spielplatz* oder *Robinson-Spielplatz* gehört, die für diese Art von Spielplatz heute gebraucht werden. Auf ihnen können Kinder selber gestalten (z.B. Hütten bauen oder Höhlen graben) und verschiedenste Materialien (z.B. Holz, Lehm) mit Werkzeugen und Geräten bearbeiten. Sie können sozusagen durch Planen und Experimentieren schwierige Situationen beherrschen und mit kalkulierten Gefahren umgehen lernen.

Wenn also gefordert wird, daß in einer verplanten und verbauten Umwelt noch bedürfnisgerechtes kindliches Spielen möglich sein soll, dann müssen kindgerechtes Erfahrungssammeln und spielerisches Lernen unterstützt

Abb. 50: Abenteuerspielplatz in der Innenstadt von Offenbach

werden. Das kann nur in einer städtischen Umwelt geschehen, die der kindlichen Erfahrungswelt Raum läßt und den kindlichen Spieldrang nicht einengt. Immer ist nämlich zu bedenken, daß Kinder durch Spielen ihre Umwelt erfahren und sich aneignen. Das heißt also, erst durch Spielen werden dem Kind Informationen und Kenntnisse in der Auseinandersetzung mit der Umwelt zugänglich. »Kein Kind kann sich glücklich entwickeln und sich später adäquat verhalten, wenn es nicht spielen darf oder nicht bedürfnisgerecht spielen kann« (Autorengruppe Abenteuerspielplatz, Wo Verbieten verboten ist. Rowohlt Verlag, Reinbek 1973, S. 81).

6.3 Überlegungen über die beste Lage, Größe und Umgebung eines Spielplatzes

Einige grundsätzliche Forderungen für die Lage und Umgebung von Kinderspielplätzen sind folgende: *Spielplätze für Kleinkinder* (ca. 2 – 6 Jahre) sollten jeweils in unmittelbarer Nähe der Wohnhäuser vorhanden sein. Sie können flächenmäßig relativ klein und sollten gut überschaubar und überwachbar sein. Demgegenüber sind *für schulpflichtige Kinder* größere in gut erreichbarer Nähe zu einem Siedlungsgebiet gelegene Spielplätze zu fordern, die nicht durch andere Funktionen und Tätigkeiten in ihrer Lagegunst beeinträchtigt werden (z.B. fließender Verkehr, ruhender Verkehr (Parkplätze), »Müllecken« in der Nähe der Häuser, Institutionen, deren Bewohner Lärm nicht vertragen, wie Altenwohnheime und Krankenhäuser). Bei der Anlage von Spielplätzen ist also einerseits darauf zu achten, daß die Entfernungen nicht zu groß werden (z.B. für schulpflichtige Grundschulkinder möglichst nicht über 300 – 500 m!) und andererseits entsprechend der Besiedlungs- und Einwohnerdichte genügend große Spielflächen angeboten werden. – Für die Beson-

Abb. 51: Aktivspielplatz

nungsverhältnisse ist die richtige Ausrichtung der Spielplätze zur Sonne wichtig, eine niedrige Bebauung in der Umgebung und keine zu hohen Bauten zur Sonnenseite. Allgemein kann der folgende Satz gelten:
Je dichter die Bebauung und die Besiedlung in den Gemeinden ist (vor allem in größeren Städten), desto mehr sind Spielplätze für Kinder als wichtige Voraussetzung zur Entfaltung ihres Bewegungs- und Spieltriebes und ihrer Persönlichkeit eine unbedingte Notwendigkeit. Denn die in der kindlichen Spielwelt gemachten Erfahrungen und die dadurch verursachte Verhinderung oder mögliche Entwicklung einer eigenständigen Persönlichkeit sind – wie wir gehört haben – entscheidend für das spätere Verhalten in einer Gesellschaft. – Während kleinere Kinder (z.B. bis zu 6 Jahren) noch nicht so große Bewegungsflächen brauchen, haben Kinder in Eurem Alter bereits flächenmäßig größere Ansprüche. – Bei älteren sind z.B. Ballspiele sehr beliebt, und deshalb ist die Anlage von genügend großen Bolzplätzen wichtig. Ebenso müßte es ermöglicht werden, daß *bewegungsintensive Tätigkeiten,* wie Roller-, Fahrradfahren oder Rollschuhlaufen auf Spielplätzen stattfinden können (auf Flächen mit Hartbelag!), da sonst – wie Ihr sicherlich aus eigener Erfahrung wißt, unfallgefährdete Straßen und Wege dafür benutzt werden. Aus diesen Gründen wird oft gefordert, daß Spielplätze für schulpflichtige Kinder auf keinen Fall unter 1000 qm groß sein sollen!

**Meßt deshalb einmal die Entfernung zu Eurem nächsten Spielplatz! Stellt dessen Größe fest! Zeichnet die von Eurem Wohngebiet erreichbaren Spielplätze in eine Karte und versucht herauszufinden, wieviel Einwohner dort ungefähr wohnen und wieviel Kinder dieses Wohngebietes wie große Spielflächen haben! (Wichtig ist dabei zu wissen, daß zwischen 1/5 und 1/3 aller Einwohner in den einzelnen Wohngebieten in einer Altersstufe sind, für die das Spielen die wichtigste Betätigung im Leben darstellt).
Denkt weiterhin einmal an Eure Spielmöglichkeiten bei schlechtem, regnerischem Wetter!**

Welche Art von Häusern und Räumen könnten dann auf einem Spielplatz für Euch sinnvoll sein? Für welche Spielmöglichkeiten? Bedenkt auch die Möglichkeit, unter Aufsicht spielen zu können.

6.4 Wie die Spielplatzsituation oft ist und was zu befürchten ist, wenn Kinder nicht genügend Raum zur Selbstverwirklichung haben.

Ein Soziologe sagt dazu: »Man darf sich nicht wundern, wenn aus Kindern obrigkeitsfromme und autoritätsgläubige Untertanen und keine selbstbewußten Staatsbürger werden: mit der in unseren Städten gegebenen außerordentlichen Beschränkung und Reglementierung der Kinder schon in ihren Spielen ist die erste Weiche zu einer solchen Entwicklung der Persönlichkeit gestellt.« (N. Schmidt-Relenberg, Soziologie und Städtebau. Krämer-Verlag Stuttgart 1968, S. 221).
Aus dieser Äußerung geht noch einmal hervor, wie wichtig die Spielerfahrungen für die *Persönlichkeitsentfaltung der Kinder* sind, sowohl im Freien wie in der Wohnung. Es müssen also je nach Alter der Kinder genügend Spielgeräte und Flächen vorhanden sein, auf denen sich die Kinder möglichst ungehindert und ohne äußere Gefahren entfalten können. Das Bedürfnis der Kinder nach Gestaltung der eigenen Umwelt muß dabei im Mittelpunkt stehen und nicht dauernde, von außen gesteuerte Reglementierungen und Disziplinierungen. Auch gehört dazu die Einsicht, daß in gewissen Grenzen kindliche Agressionen und entsprechende Verhaltensweisen nicht vom Spielplatz zu verbannen sind, sondern dazugehören. Nur auf diese Weise können Verhaltensstörungen bereits bei Kindern und andauernde »Reibereien« mit Eltern, Nachbarn und anderen abgebaut werden.
Viele öffentliche Spielplätze bieten leider – wie Ihr selbst wohl schon erfahren habt – wenig Anregungen zum selbständigen »lernenden« Spielen. Sie sind meist eintönig und lebensfremd und üben eher einen spielhemmenden

Über unzureichende Spielplatzsituationen aus kindlicher Sicht 61

als einen spielfördernden Einfluß aus.
Ihre Ausstattung ist wenig anziehend – zumal für ältere Kinder. Die standardmäßigen Ausstattungsgegenstände sind z.B. Klettergerüste, Wippen, Schaukeln und Sandkästen, die kein konstruktives Spiel zulassen. Anregungen zum eigenständigen kreativen Spielen und Handeln (also die Möglichkeit, neue eigenständige Ideen zu entwickeln und zu verwirklichen) werden durch solche beschränkten Ausstattungen nicht vermittelt.

Vergleicht dazu die folgende Abbildung 52, Lest auch aufmerksam den folgenden Text durch, der aus einer Untersuchung **über das kindliche Spielverhalten entnommen ist. Diskutiert anschließend über die Gründe, warum Kinder sich so verhalten, wie es dort dargestellt wird!**

»Die ... Beobachtungen wurden auf einem öffentlichen Spielplatz gemacht und einer Baustelle, die von dem Spielplatz nur durch eine breite, wenig befahrene Straße getrennt war. Beide Spielplätze waren also vom Elternhaus der Kinder gleich weit entfernt. An 20 Sonnabenden, an denen auf der Baustelle nicht gearbeitet wurde und die auch nicht bewacht wurde, um Unbefugten den Eintritt zu verwehren, wurde jeweils zwischen 15 bis 17 Uhr beobachtet, wie viele Kinder sich auf dem gegenüberliegenden Kinderspielplatz und auf der Baustelle vergnügten. Auf der Baustelle konnten im Durchschnitt fünfmal so viele Kinder gezählt werden wie auf dem öffentlichen Kinderspielplatz, obwohl es nicht an Eltern fehlte, die immer wieder versuchten, die Kinder aus berechtigten Gründen – denn diese begaben sich bei ihrem Spiel mitunter in

Abb. 52: Kinderspielplatz mit »Standardausstattung«

ernsthafte Gefahr oder richteten aus Unverstand Schaden an – von der Baustelle zurückzuhalten.« (U. Hetzer u.a., Kinderspiel im Freien. Erziehung und Psychologie Nr. 46, München 1966, S. 29)

Am unerträglichsten ist es natürlich für Kinder, wenn überhaupt kein Spielplatz für sie vorhanden ist. So gaben z.B. bei einer Befragung von 110 000 Schülern in Frankfurt 89 % an, daß sie weder im Freien noch in der Wohnung Raum zum Spielen hätten (vgl. H. Harmsen, Lebensraum für das Kind. Medizin und Städtebau, Berlin 1957, S. 64). Auch wenn diese Befragung 1957 stattfand – seit dieser Zeit dürfte sich die Situation etwas verbessert haben – so kennzeichnet sie dennoch den grundsätzlichen Mangel an Spielraum und Spielmöglichkeiten.

Daß selbst in Neubaugebieten den Kindern zu wenig und zu schlecht ausgestatteter Spielraum zugemessen wird – hier erwartet man dies weniger – bewies jüngst eine sehr umfangreiche Untersuchung über sog. Demonstrativbauvorhaben. Diese sollten eigentlich das Vorbildliche und Nachahmenswerte demonstrieren (vgl. Bundesminister für Städtebau und Wohnungswesen, a.a.O. S. 170):

»Man kann also trotz der »aufgelockerten« Bauweise und dem reichlichen Flächenangebot auch im Falle sog. Demonstrativbauvorhaben von »Spielplatznot« sprechen, ähnlich wie bei anderen Stadtbezirken.« . . .»In einem Großteil der Demonstrativbauvorhaben stehen den Kindern, besonders bei älteren, zu wenig Spielplätze zur Verfügung. Die vorhandenen Anlagen scheinen darüber hinaus zu monoton und dürftig angelegt zu sein, um eine vielfältige Spielaktivität anregen zu können.«

Wichtige Probleme der Spielplatznot und des für kindliche Aktivitäten und Erlebnisse ungenügend gestalteten Wohnumfeldes scheinen überwiegend erkannt zu sein, obwohl meist die Ursachen unzureichend oder überhaupt nicht verdeutlicht werden.

Sprecht in diesem Zusammenhang auch über den Text (Das Wohnumfeld und die Lage der Kinder) am Ende dieser Lerneinheit, der aus dem Städtebaubericht 1975 der Bundesregierung entnommen ist.

6.5 Seit wann gibt es das Spielplatzproblem?

Vor Beginn der Motorisierung, z.B. im 19. Jahrhundert, standen die vielen Plätze und Straßen den Kindern ebenso zum gefahrlosen Spielen zur Verfügung wie den Erwachsenen als Treffpunkte und zum unverbindlichen Gespräch. Lediglich in den im Zuge der Industrialisierung dichter besiedelten Gebieten traten bereits in der zweiten Hälfte des 19. Jh. Raumenge und für die Kinder Spielplatznot auf. Mit zunehmender Massenmotorisierung im 20. Jh. verschärfte sich dann dieses Problem, weil Motorfahrzeuge und Autos Straßen und Plätze »eroberten« und somit die Kinder verdrängten bzw. das Spielen dort äußerst gefährlich werden ließen. Selbstverständlich ist das Spielplatzproblem in den einzelnen Gemeinden je nach Größe, Besiedlungsdichte etc. unterschiedlich gelagert. Besonders schlecht ist die Spielplatzsituation meist in großen, dicht bebauten Städten mit wenigen Freiflächen, in denen sich der Verkehr und andere kommerzielle Raumnutzungen »massieren«. Hier sind diese Mangelerscheinungen ein deutliches Zeichen dafür, daß sich andere Raumnutzungsinteressen zu Lasten der Kinder und Jugendlichen sowie auch der älteren Leute durchsetzen (vgl. Gründe im nächsten Kapitel). Und wo sich heute Nutzungswandlungen, z.B. im Zuge der Stadtsanierung vollziehen, können sich wiederum die berechtigten Ansprüche dieser Gruppen nicht durchsetzen (vgl. Lerneinheit: Zur Sanierung von Altstädten und Altbaugebieten). Im Gegenteil, es tritt hier meist eine verstärkte Kommerzialisierung gewisser Stadtviertel ein.

Demgegenüber kann das *Spielbedürfnis der Kinder in ländlichen Gemeinden und Dörfern* leichter befriedigt werden, weil viele Freiflächen ohne Verkehrsgefährdung vorhanden sind. Spielraum ist hier eine Selbstverständlichkeit. Auf der anderen Seite ist aber zu sagen, daß Kindern in ländlichen Gemeinden weniger Anregungen vermittelt werden. Ihnen fehlen die vielfältigen Situationserfahrungen städtischer Kinder und oft auch Kontakte mit anderen Kindergruppen.

6.6 Haben Kinder keine »Lobby«?

Man spricht oft davon, daß Kinder – wie sozial Schwache – keine »Lobby« haben, d.h. keine mächtigen Fürsprecher, die sich konsequent für ihre Interessen einsetzen und Raumnutzungsansprüchen anderer Bevölkerungsgruppen aus der Sicht des Kindes mit Erfolg entgegentreten. Obwohl allgemein die Einsicht gewachsen ist, daß Kinder für ihre Spielaktivität und Entwicklung viel Bewegungsraum brauchen, in dem sie selbständig tätig werden können, setzen sich auch heute meist andere Interessen gegen die berechtigten Ansprüche der Kinder durch.
Einige Beispiele:
1. Die *Bauordnungen,* die viele Einzelheiten (beispielsweise den Bau von Einstellplätzen für Kraftfahrzeuge pro Wohnung) genau festlegen, enthalten in den einzelnen Ländern nichts über den Zwang zur Errichtung von Kinderspielplätzen oder über Größe und Art ihrer Ausgestaltung. Und was nicht gesetzlicher Zwang ist, geschieht nicht, zumal wenn es Geld kostet. Das Wohl der Kinder bleibt in Bauordnungen unberücksichtigt.

Diskutiert am Schluß dieser Unterrichtseinheit, welche Forderungen aus Eurer Sicht dort aufgenommen werden sollten! Was will die Karikatur (Abb. 53) ausdrücken? Wer hat hier etwas verfügt zu wessen Ungunsten?

Abb. 53: Karikatur: »Betreten des Rasens verboten«

Vom Recht der Kinder auf Kinderspielplätze

Obwohl oftmals genügend Freiflächen vorhanden sind, werden sie als Spielflächen nicht freigegeben. Im Interesse der verfügenden Gemeinden bzw. der Haus- und Grundeigentümer wird also die »äußerlich schöne« Erscheinung der Grünanlage über das Spielinteresse der Kinder gestellt. Von dieser Maßnahme werden besonders die kleineren, noch nicht schulpflichtigen Kinder betroffen, weil diese ja aufgrund der besseren Beaufsichtigung und ihrer geringeren räumlichen Beweglichkeit auf hausnahe Spielplätze angewiesen sind.

Sprecht einmal über die Verbotsschilder (Abb. 54), welche den Spielraum für Kinder an vielen Stellen beschneiden.

Hier wäre zu fragen, warum relativ große Garagenhöfe, sonstige Hofflächen und Grünflächen nicht zu bestimmten Zeiten Kindern z. B. als Ballspielplätze zur Verfügung stehen sollten. Aus den Garagen fahren z. B. die Autos überwiegend morgens fort und kehren abends zurück. Auch wenn zwischenzeitlich Autos die Garagen verlassen bzw. in sie hineinfahren, so ginge es nur darum, die Zufahrtswege übersichtlich zu gestalten. Daneben müßten höhere Begrenzungszäune angelegt werden.

Diskutiert folgende Aufschriftsänderungen auf den Schildern: »Spielen und Ballspielen erlaubt«. Wer kann aus welchen Gründen etwas dagegen einwenden? Denkt daran, daß Kinder bei fehlenden Spielplätzen oft auf Wege und Straßen ausweichen, wo die Gefährdung wegen des Autoverkehrs viel größer ist!

6.7 Beispiele, die optimistischer stimmen?

In der Gießener Allgemeinen Zeitung vom 2.3.1974 heißt es: »Einstimmig: Spielplatzsatzung. Einstimmig billigte die Stadtverordnetenversammlung den gemeinsamen Antrag von SPD- und FDP-Fraktion, eine Satzung für Kleinkinderspielplätze zu verabschieden. In dem Entwurf für die Satzung ist vorgesehen, daß Kleinkinderspielplätze in unmittelbarer Nähe von Wohnungen anzulegen sind. Die Errichtung dieser Spielplätze sei grundsätzlich Aufgabe der Bauherren bzw. der Grundstückseigentümer von Wohnhäusern mit mehr als drei Wohnungen.«

Hier versucht also die Stadtverordnetenversammlung einer Stadt, zumindest die Voraussetzungen zu schaffen, damit Kleinkinderspielplätze vor allem für nicht schulpflichtige Kinder in Neubaugebieten entstehen können. Sicherlich wäre hier eine gemeindeübergreifende Festlegung zu fordern.

Abb. 54

Damit sind aber noch keine Wege aufgezeigt, wie die ungenügende Ausstattung in Altbaugebieten behoben und die Versäumnisse der Vergangenheit getilgt werden können. Eine kinderfreundliche Umweltgestaltung ist dadurch nicht gewährleistet.

Wenden wir uns jetzt noch einmal einem *Beispiel in einer Großstadt* zu:

»Im Münchner Norden, jenseits von Olympia, wo zwischen Kasernen und den Werkhallen von BMW die Sozialsiedler hausen, gab es für über 3000 Kinder und Jugendliche ganze vier Klettergerüste und eine öffentliche Tischtennisplatte.

Nun gründeten die Kinder ihre eigene Stadt. Einer Arbeitsgruppe aus Sozialarbeitern und Pädagogen war es – unter Hinweis auf die »katastrophale Situation« – gelungen, der Stadtverwaltung eine verödete Wiese und DM 5000,– abzuluchsen.

Dort bauen sich, unter Anleitung eines halben Dutzend Pädagogikstudenten und angehender Kunsterzieher (...), seit sieben Wochen an die 400 Kinder ihre Traum-Kommune – die (nach einer nahegelegenen Straße benannte) Buhlstadt. Rathaus, Theater, Bank, Arbeitsamt und Einwohnermeldeamt gibt es schon. Zur Eröffnung von Läden, etwa für Brot, Obst, Textilien und Schmuck werden täglich neue Lizenzen ausgegeben – Gebühr: 20,-- Buhlmark.« Auch eine Buhlzeitung gibt es bereits.

Hier spielen also Kinder unter der Anleitung von Erwachsenen Rollen, wie sie jederzeit im Leben vorkommen. Das Spiel unterstützt Erfindungsdrang, regt Neugier an und vermittelt

Abb. 55: Geldwechselstube auf dem Kinderspielplatz »Buhlstadt« in München

Vom Recht der Kinder auf Kinderspielplätze

Abb. 56: Rathaus auf dem Kinderspielplatz »Buhlstadt«

durch den oftmaligen Wechsel der Spielsituation Erfahrung und Wissen. Kurz: Es ermöglicht sinnvolles Lernen. Wie wir vorher herausgefunden haben, wird dadurch einerseits der kindliche Bewegungsdrang befriedigt und andererseits eine aktive Auseinandersetzung mit der Spielumwelt und den Spielsituationen herausgefordert, die sehr günstig für die kindliche Entwicklung sind.

Allerdings: Ein Termin für die Einstellung dieses »Münchner Experiments« ist bereits festgelegt. Keiner weiß, ob dieser Spielplatz endgültig so eingerichtet wird. Was meint Ihr dazu?
Abschließend solltet Ihr einmal die Frage diskutieren, wie Kinder in anderen Ländern und Regionen der Erde spielen und erzogen werden. Sammelt Material zu diesem Thema! Denkt dabei an die jeweils unterschiedlichen Familien-, Arbeits- und Wirtschaftsverhältnisse und an die dort gegebenen Wohn- und Wohnumweltverhältnisse! Welchem Spiel- und Erfahrungsbereich sind z.B. Kinder in verschiedenen tropischen Entwicklungsländern ausgesetzt? Vergleicht die dortige Spielsituation mit der unsrigen!
Diskutiert jetzt nochmals über den folgenden Text, der dem Städtebaubericht 1975 des Bundesministers für Raumordnung, Bauwesen und Städtebau entnommen ist.

»*Das Wohnumfeld und die Lage der Kinder*
Die Qualität der Wohnlage ist vor allem für die Entwicklungschancen der Kinder von entscheidender Bedeutung. Kinder leben intensiver im Wohnumfeld als Erwachsene. Je kleiner die Wohnungen sind, desto mehr benötigen die Kinder Spiel- und Bewegungsflächen in der Umgebung der Wohnung. Je abwechslungsreicher und ungestörter vom Kraftfahrzeugverkehr die Umgebung ist, desto günstiger sind die Voraussetzungen für ihre Entwicklung, insbesondere in sozialer Hinsicht. Die Spielmöglichkeiten in der Umgebung sollten so nah an der Wohnung liegen, daß ein ständiges Pendeln zwischen Spielplatz und Wohnung möglich ist.
Hochverdichtete Bauformen und allgemein die Tendenz zur optimalen (gemeint sicherlich: zur wirtschaftlichsten – Verf.) Nutzung der Grundstücke stehen diesen Erkenntnissen über eine kindgerechte Umwelt entgegen. Bei der Hochhausbebauung können beispielsweise nur Kinder aus den unteren Geschossen zwischen Wohnung und Wohnumgebung beliebig wechseln. Kinder aus den oberen Geschossen von Hochhäusern spielen daher erfahrungsgemäß später und weniger im Freien als andere Kinder. Bei Kleinkindern im Hochhaus tritt infolgedessen häufiger Bewegungsarmut auf.
Auch schulische Minderleistungen, Schulversagen und allgemein niedrige Intelligenzleistungen gehen häufiger mit ungünstigen Wohnbedingungen wie Überbelegung einher als mit andern Faktoren. Des weiteren besteht offenbar ein deutlicher Zusammenhang zwischen ungünstigen Wohnsituationen und der

Deliquenz-Rate im Jugendalter.«
Und an anderer Stelle heißt es schließlich:
»Die meisten Länder haben diese Regelungen (gemeint sind die Bauordnungen, die bei Mehrfamilienhäusern die Einrichtung von Spielplätzen vorsehen können – Verf.), z.B. auch durch den Erlaß von Spielplatzgesetzen, inzwischen weiter verbessert und ergänzt. Diese rechtlichen Grundlagen können jedoch nur einen Rahmen darstellen; die Gestaltung einer kinderfreundlichen Wohnumwelt hängt darüberhinaus wesentlich von der Initiative der Grundstückseigentümer und vom Verständnis der Mitbewohner ab.«

7. Wir planen eine kindergerechte Siedlung

7.1 Ein Beispiel zum Nachdenken:

»Ein 1954 gebautes Wohnhaus für 12 Mietsparteien. Beim Einzug war den Mietern vom Hausbesitzer ein Kinderspielplatz auf dem freien Gelände hinter dem Haus zugesichert worden. Inzwischen ließ der Bauherr 12 Garagen bauen und keinen Spielplatz. Die Wiese im Hof ist eingezäunt: Betreten verboten. Vom Kinderspielplatz für die zehn Kleinkinder der Familien ist keine Rede mehr.« (A. Mitscherlich, Die Unwirtlichkeit unserer Städte. edition suhrkamp, Frankfurt/Main 1966, S. 69).

Was ist hier passiert? Wer mußte hier Benachteiligungen in Kauf nehmen? War das selbstverschuldet? Wer hat sich durchgesetzt? Warum wohl? (Bedenkt bitte, daß man jede Garage für einen bestimmten Betrag vermieten kann. Bringen demgegenüber Spielplätze etwas ein?).

7.2 Ein Arbeitsvorschlag zum besseren Kennenlernen des eigenen Wohngebietes

Zunächst einmal wollen wir uns für alle Standorte, Räume und Einrichtungen interessieren, die für Kinder aller Altersstufen wichtig sind und von ihnen zu unterschiedlichen Zwecken genutzt werden. Wir wollen prüfen, welche Möglichkeiten zum Spielen Kinder in Euren Wohngebieten haben. Auch die Bademöglichkeiten wollen wir prüfen, die Standorte der Schulen, Kindergärten und Kinderspielplätze feststellen und die Wege dorthin nachvollziehen und beurteilen.

Benutzt dazu einen Orts- bzw. Stadtplan Eurer Heimatgemeinde. Mit Hilfe von Durchpausen übertragt alle Straßen Eures Wohngebietes auf Transparentpapier. Die Straßen, in denen öffentlicher Busverkehr oder viel Durchgangsverkehr in Richtung auf andere Orte und Stadtteile vorhanden sind, kennzeichnet besonders! (wie am besten?).
Tragt zusätzlich die Flächen und Räume ein, die vor allem für Kinder geschaffen wurden und auf denen sich Kinder gefahrlos aufhalten und spielen können. Darüber hinaus haltet die Standorte und Einrichtungen fest, die für den kindlichen Erziehungs-, Spiel- und Erfahrungsbereich vorhanden sind. Können dort kleinere Kinder jederzeit gefahrlos hingelangen? Welche von Euch häufig benutzten Spielflächen und Einrichtungen werden auch von anderen Gruppen (welchen?) der Bevölkerung aufgesucht?
Zeichnet anschließend in diese Skizze noch alle *weiteren Häuser* aus dem Umkreis Eures

Wohnhauses ein und macht dabei deutlich, welche Aufgaben (z.B. Wohnen, Einkaufen, sonstige Dienstleistungen oder als Handwerksstätte, Industriebetrieb usw.) diese Häuser erfüllen. Gleichzeitig zählt bitte die Anzahl der Stockwerke und tragt sie in die Skizze ein (durch Zahlenangabe, Schraffur, Farbe o.ä.).

Bei diesen zusätzlichen Aufgaben werdet Ihr merken, daß sie meist nicht allein mit Hilfe des Orts- und Stadtplanes gelöst werden können. Auch Eure Kenntnisse und Euer Gedächtnis werden in vielen Fällen nicht ausreichen, so daß eine Antwort auf die obigen Fragen und Aufgaben erst durch einen unmittelbaren Vergleich mit der Wirklichkeit (durch Geländearbeit) zu gewinnen ist.

Versucht deshalb, auch die anderen Übertragungen aus der Karte durch Geländebeobachtung, d.h. Vergleich mit der Wirklichkeit zu korrigieren (es könnte ja auch sein, daß die Karte bereits relativ alt ist).

In diesem Zusammenhang solltet Ihr Euch noch merken, daß die Eintragung von Erscheinungen und Merkmalen in einem Grundrißplan über unmittelbare Beobachtung im Gelände selbst eine *Arbeitsmethode* darstellt, die in der Geographie als *Kartieren* (Kartierung) bezeichnet wird.
Wir halten erste Ergebnisse fest:

**Gibt es in Eurem Wohngebiet stark befahrene Durchgangsstraßen? Wo liegen diese? Denkt an die Behinderung der Fußgänger (vor allem welcher Gruppen?) und an die Belästigungen der Anwohner! Zählt einmal die dadurch entstehenden Belästigungen und Gefährdungen auf, die entstehen können. Welche Straßen und Gebiete werden durch den »öffentlichen Nahverkehr« erschlossen, also durch Buslinien oder in größeren Städten durch Straßenbahnen oder U-Bahnen?
Versucht dann, Euer** *Wohngebiet zu beschreiben!* **Welche Haustypen und Wohnformen gibt es dort und wieviel Stockwerke besitzen sie (Ein- bis Zweifamilienhäuser, Reihenhäuser, Hochhäuser, 3-, 4- usw.-geschossige Mehrfamilienhäuser, alleinstehend oder eng aneinanderanschließend, aus welcher Bauperiode, mit Garagen? usw.)? Liegen die unterschiedlichen Haustypen regellos verteilt oder sind sie an einigen Stellen räumlich konzentriert und gegeneinander abgegrenzt? Wo? Charakterisiert die einzelnen Wohngebiete bzw. Wohnformenbezirke! In welchem Stadt- oder Ortsbezirk arbeiten die meisten Eltern?
Jetzt müßte es Euch auch gelingen, Eure** *Wohngebiete aus eigener Sicht zu beurteilen.* **Wo liegen die Bildungs-, Spiel- und Sportstätten für Kinder? Sind es genügend? Was stört Euch in Eurem Wohngebiet am meisten und was müßte nach Eurer Meinung besser geplant werden? Fragt auch die Eltern zu diesem Thema und versucht festzustellen, was sie dazu meinen. Stellt bereits an dieser Stelle Vermutungen an, woran es liegen könnte, wenn zu wenig Spielflächen und Einrichtungen für Kinder vorhanden sind. Äußert Wünsche und macht Vorschläge, welche anderen Raumnutzungen Ihr in Eurem Wohngebiet haben möchtet und wo diese liegen sollten! Versucht auch, Eure Wünsche zu begründen!**

7.3 Einrichtungen und Spielflächen für Kinder: Wunsch und Wirklichkeit

In diesem Abschnitt wollen wir versuchen, folgende Frage zu ergänzen und zu vertiefen: Welche Einrichtungen und Spielmöglichkeiten wünschen sich kleinere und größere Kinder in ihrer Nähe? Diese Wünsche sollen dann noch einmal mit der wirklichen Situation in Eurem Wohngebiet verglichen werden.

Zu diesem Zweck sammelt zunächst einmal verschiedene Antworten zu der oben gestellten Frage. Laßt Euch bei der Zusammenstellung Eurer Wünsche ein wenig von den nachfolgenden Abbildungen anregen. (Vgl. auch Lerneinheit »Vom Recht der Kinder auf Kinderspielplätze«).

Einrichtungen und Spielflächen für Kinder 69

Abb. 57

Abb. 58

70 Wir planen eine kindergerechte Siedlung

Abb. 59

Abb. 60

Abb. 61

Abb. 62

Vergleicht dann Eure Wünsche mit den vorhandenen Einrichtungen und Spielflächen in Eurem Wohnbezirk (so wie Ihr sie auf der vorher angefertigten Skizze dargestellt habt). Diskutiert dabei vor allem die Frage, was Euch im engeren oder weiteren Umkreis des Wohnhauses bzw. des Schulstandortes alles fehlt? Überlegt an dieser Stelle, woran es liegen könnte, daß oftmals für die kindlichen Bedürfnisse in den einzelnen Wohngebieten nur sehr unzureichend geplant wird (vgl. dazu auch das einleitende Zitat). Was liegt zu weit entfernt?

Meßt einmal zu diesem Zweck mit Hilfe eines Zirkels die Entfernung (Distanz) von Eurem Wohnhaus bis zu einzelnen Einrichtungen und Spielflächen, die Ihr in erreichbarer Nähe habt. Schreibt alle Entfernungen in einer Tabelle auf und verzeichnet dort ebenfalls die ungefähre *Zeitdauer,* die Ihr zum Aufsuchen der einzelnen Einrichtungen von Eurem Wohnhaus aus braucht! Schreibt dann in eine weitere Spalte der Tabelle hinein, in welcher Entfernung Ihr die einzelnen Einrichtungen und Spielflächen – wenn Ihr frei wählen könntet – vorfinden möchtet. Begründet dabei Eure Angaben! Vergleicht Eure Ergebnisse! Sind einzelnen Schülern einige Entfernungen zu weit? Welche? Wer meint, daß er überwiegend günstig liegt zu den von ihm oft besuchten Einrichtungen und Spielstätten? Müßt Ihr bei Euren häufigeren Wegen auch Durchgangsstraßen und Straßen mit starkem Verkehr überqueren? Was wäre da zu fordern, um die Sicherheit zu erhöhen?

7.4 Nutzung von Plätzen und freien Flächen

Da Plätze und freie Flächen bei entsprechender Planung noch am ehesten verschiedene raumbeanspruchende Tätigkeiten – auch für Kinder – erlauben, wollen wir uns jetzt näher mit ihnen beschäftigen. Wir wollen uns dabei die Frage vorlegen, welche Aufgaben Plätze und freie Flächen in der Vergangenheit erfüllten, welche Nutzungen heute dort in der Regel zu finden sind und woran das liegt.

Dazu sollt Ihr zunächst die vorhandenen *freien Flächen und Plätze in Eurem Wohngebiet* feststellen und zusätzlich in die vorher angefertigte Skizze eintragen. Welche Plätze und Flächen gibt es dort, die nicht jederzeit von der Bevölkerung genutzt werden können und die bereits festgelegte bzw. einseitige Aufgaben (oder wie wir auch sagen: Funktionen) erfüllen (z.B. Parkplätze, Bushalteplätze, Verkehrsknotenpunkte, nicht benutzbare Grün- und Parkanlagen, lediglich halbtags genutzte Schulhöfe usw.). Oftmals deutet nur ein alter Name auf die frühere Funktion von Plätzen hin, z.B. »Marktplatz«, »Pferdemarkt«, »Domplatz« usw. Warum sind heute solche Plätze und Flächen oft nicht für Kinder und ebensowenig als Treffpunkte für Erwachsene nutzbar, obwohl doch beispielsweise meist wenig Möglichkeiten zum Spielen für Kinder vorhanden sind? Sammelt denkbare Gründe! Denkt dabei an die vielen Flächen, die durch die zahlreichen Autos gebraucht werden (zum Fahren und Parken!), an die privaten Gärten und Grünanlagen, die meist abgezäunt und nicht für die Allgemeinheit nutzbar sind, und an die vielen Institutionen, deren Bewohner bzw. Angehörige keinen Kinderlärm in ihrer Umgebung haben möchten (Krankenhäuser, Altenwohnheime, Büros etc.). Denkt aber auch daran, daß solche Flächen oft viel Geld kosten und deshalb nur für gewisse erwerbsmäßige Nutzungen »geeignet« erscheinen.

7.5 Wie Plätze und freie Flächen früher genutzt wurden

Um die heutigen Raumnutzungen und die in neuerer Zeit ablaufenden Wandlungsprozesse einordnen und beurteilen zu können, müssen wir uns in diesem Zusammenhang vor Augen führen, wie Plätze und freie Siedlungsflächen als öffentliche Räume in vorindustrieller Zeit genutzt wurden. – Früher bildeten Plätze (und auch viele Straßen!) die Haupttreffpunkte der Bürger. Sie stellten sozusagen *Spielräume für das öffentliche Leben* dar mit einer Vielfalt von Nutzungs- und Handlungsmöglichkeiten, z.B.

Weitere wichtige Fragen: Ursachen und Folgen sozialer Infrastrukturplanung

als Marktplatz, Unterhaltungsort, Versammlungsplatz, Promenierplatz, Veranstaltungsort für festliche Anlässe usw. Die Plätze waren also nicht nur für viele Zwecke nutzbar, sondern sie gehörten auch – und das ist wichtig – den Einwohnern und Bürgern, die sie jederzeit zwanglos betreten konnten.

Der *Wochenmarkt (oder Flohmarkt),* wie er heute an einigen Wochentagen in vielen Städten abgehalten wird, ist sozusagen ein letzter Rest dieses zwanglosen und jedermann offenen Zugangs von Plätzen, wo jeder Bürger unbeschadet seiner sozialen und einkommensmäßigen Stellung und seines Wohnstandards Öffentlichkeit erleben kann. Das heißt, jeder ist in diesem Moment überwiegend frei von persönlichen Bindungen und privatem Bei-sich-selbst-sein. Er nimmt Anteil am gesellschaftlichen Zusammenleben.

Wenn wir das vorher Gesagte berücksichtigen, können wir auch abschätzen, wie groß heute der Verlust gerade für Einwohner in dichtbesiedelten Gebieten ist, wenn Plätze und freie Flächen überwiegend einseitig – und im geschichtlichen Sinn »zweckentfremdet« – genutzt werden. *Öffentlichkeit* kann nicht mehr direkt erlebt werden (Ersatz: Fernsehen?), es kommt zu keinem umfassenden gesellschaftlichen Zusammenleben mehr und zu keiner Verbindung zwischen dem *privaten Bereich* (der Wohnung und Wohnumwelt) mit dem öffentlichen. Die Folge ist ein »Distanzhalten« zu den Mitmenschen. (Es wäre hier sicherlich sinnvoll, diese Vorgänge und Prozesse mit Hilfe z.B. des Geschichts- und Sozialkundeunterrichts weiter zu klären).

7.6 Wir versuchen weitere wichtige Fragen zu klären: Ursachen und Folgen sozialer Infrastrukturplanung

Wir nehmen jetzt die am Ende des zweitletzten Abschnittes gestellten Fragen wieder auf und versuchen, die Art historischer Raumnutzungen mit der heutigen zu vergleichen, wie sie auf Plätzen und größeren Flächen in Städten üblich ist. Heute geraten offensichtlich mehrere spezifische Ansprüche auf Raumnutzung miteinander in Konkurrenz (z.B. Platz als Parkplatz für Autos oder als Kinderspielplatz, Verkehrs- kontra Naherholungsflächen, Grünanlage als Spazierfläche oder als Bolzfläche usw.). Dabei ist es wichtig, jeweils zu fragen, welche Gruppen sich für welche Art der Raumnutzung einsetzen und warum bzw. aus welchem Interesse heraus sie das tun, und mit welchen Folgewirkungen für andere. Auch ist jeweils zu fragen, welche *Gruppeninteressen auf Raumnutzung* sich mit welcher Begründung durchsetzen.

Betrachtet bei der Diskussion dieser Fragen vor allem die Euch bekannten Beispiele. Berücksichtigt bei Euren Überlegungen, daß sich *Grund und Boden* ganz überwiegend in *privatem Eigentum* befindet. Deshalb ist er entweder für allgemein wichtige Planungen nicht verfügbar bzw. er kann nur für einen sehr hohen Preis erworben werden. Die Folge davon ist, daß sich dann nur »renditestarke« Raumnutzungen (d.h. solche, die etwas einbringen, wie Geschäfte, Dienstleistungseinrichtungen, Parkhäuser, Wohnblöcke) durchsetzen, bzw. Nutzungen, denen aufgrund der Anpassung an die heutige technische Entwicklung Vorrang (leider?) eingeräumt wird (wie z.B. Parkflächen, Straßen- und sonstige Verkehrsflächen).

Vergleicht z.B. die Nutzung durch Parkhäuser oder Geschäfte mit der Nutzung durch einen Kinderspielplatz! Bringt letztere etwas ein? Werden Kinderspielplätze und Schulen auch wie Geschäfte von Wirtschaftsunternehmen bzw. Geschäftsleuten gebaut? Wer ist bei uns für die Errichtung von Kindergärten, Spielplätzen, Schulen und öffentlichen Plätzen verantwortlich und wer muß dann die hohen Bodenpreise an wen zahlen, damit solche Planungen durchgeführt werden können?

Wenn Ihr Euch die vorhergehenden Fragen gut überlegt habt, werdet Ihr auch verstehen, warum für die Allgemeinheit wichtige Einrichtungen der sozialen Infrastruktur (wie in diesem Fall Kindergärten, Schulen, Spielplätze),

74 Wir planen eine kindergerechte Siedlung

mit denen »keine Geschäfte« zu machen sind, für privatwirtschaftliche Unternehmen uninteressant sind. Und was noch wichtiger ist: Ihr werdet erkennen, daß z.T. nur die Privatwirtschaft in der Lage ist, die hohen Bodenpreise zu zahlen und diese durch Gewinne über entsprechende Bodennutzungen wieder hereinzuwirtschaften. Deshalb kann die »öffentliche Hand« (Gemeinden, Länder, Bund) mit ihren sehr begrenzten Steuermitteln oft ihrer Aufgabe der sozialen »Infrastrukturplanung« nicht ausreichend nachkommen, und es entstehen unbefriedigende Wohn- und Versorungsverhältnisse. Das heißt also, es setzen sich oftmals Einzelinteressen gegen die berechtigten Ansprüche der breiten Allgemeinheit durch, ohne daß es zu »ausgewogenen Kompromissen« kommt.

Vergleicht damit auch den oft zu hörenden Satz von dem »privaten Reichtum« und der »öffentlichen Armut«!

7.7 Das Beispiel einer Siedlungsplanung: Welche Interessen auf Raumnutzung stoßen aufeinander?

Nachdem Ihr die Verhältnisse in Eurem eigenen Wohngebiet etwas genauer untersucht und wichtige Fragen erörtert habt, sollt Ihr jetzt gemeinsam an dem Beispiel einer Siedlungsplanung überlegen, wie Ihr selbst planen und gestalten würdet. Wir gehen einmal davon aus, daß es in dem vorliegenden Fall noch möglich ist, Wünsche und Interessen zu äußern und mit ihnen die Planung zu beeinflussen, weil dieses Siedlungsprojekt erst in der Entstehungsphase ist. Kinder und Schüler müssen deshalb wie andere Gruppen versuchen, ihre Interessen zu erkennen und wahrzunehmen und sie gegen andere Interessen zu behaupten bzw. teilweise mit diesen – wenn es möglich erscheint – in einen Kompromiß zu bringen. Später wollen wir noch einmal fragen, welche Forderungen und welche der hier gewonnenen Erfahrungen auf unser eigenes Wohngebiet übertragbar sind.

Führt Euch das Siedlungsgebiet auf der Abbildung 63 genau vor Augen und verdeutlicht Euch die Wohnhaustypen mit Hilfe der ergänzenden Zeichnungen gegenüber (Abb. 64).

Zunächst einige Fragen zur Orientierung

In welchem Teilgebiet wohnen am meisten Leute? Welches Teilgebiet besitzt die niedrigste *Bevölkerungszahl? Wo leben pro Flächeneinheit (z.B. m²)* **die wenigsten Menschen? Man kann auch fragen: Wo leben die Bewohner enger zusammen?**

Dieses Verhältnis von Einwohner pro Flächeneinheit wird als *Bevölkerungsdichte* bestimmt (meist gemessen in Einwohner/km²; z.B. besitzt die Bundesrepublik eine durch-

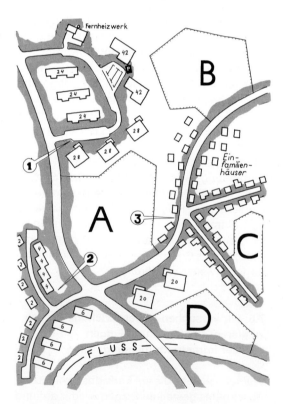

Abb. 63: Ein neues Siedlungsgebiet mit noch zu verplanenden Flächen A, B, C, D. (Zahlen in den Häuserblocks: Anzahl der dort wohnenden Familien)

Beispiel einer Siedlungsplanung: Welche Nutzungsinteressen stoßen aufeinander?

Abb. 64: Wohnhaustypen in dem neuen Siedlungsgebiet

schnittliche Bevölkerungsdichte von ca. 265 E/km²), oder wenn man nur die besiedelte Fläche als Bezugsfläche im Auge hat: *Besiedlungsdichte.*

Wir wollen jetzt überlegen, wie wir die freien Plätze und Flächen verplanen. Wir wollen also herausfinden, welche Raumnutzungen dort aus der Sicht verschiedener Interessengruppen sinnvoll erscheinen.
Dafür sollten wir uns noch einmal in Erinnerung rufen, welche Raumnutzungen überhaupt in Frage kommen. Ihr selbst habt anfangs aus Eurem Blickwinkel bereits zusammengestellt, welche Einrichtungen es für Kinder in Eurem Wohngebiet geben könnte. Wiederholt bitte noch einmal!
Denkt weiterhin daran, was Eure Eltern in möglichst enger Nähe zu ihrer Wohnung alles vorfinden möchten! Fragt sie bitte, welche *Einrichtungen* **sie relativ häufig aufsuchen, die sie deshalb in der** *Nähe zur Wohnung* **wünschen. Welche von den nachfolgend aufgelisteten werden häufig gebraucht? Erkundet auch, welche Einrichtungen nach Meinung Eurer Eltern weiter entfernt liegen könnten, weil sie nicht so häufig aufgesucht werden.**

Nahrungsmittelgeschäft
Milchgeschäft
Fleischerei
Bäckerei und Café
Sparkasse
Reinigung
Drogerie
Apotheke
Supermarkt
Theater
Gastwirtschaft
Sportplatz
Schwimmbad
Spazierwege mit Bänken
Waldflächen mit Trimmpfad
Schule
Kindergarten
Kinderspielplatz
Parkplatz
Kino

Vergleicht Eure Wünsche und die Eurer Eltern mit dem folgenden Schema (Abb. 65, S. 76), das eine bestimmte Lage aller denkbaren Einrichtungen in Bezug auf den Wohnstandort angibt. Diskutiert im Anschluß an die folgende Darstellung besonders die Angaben für die zeitliche Erreichbarkeit der einzelnen Einrichtungen in Abhängigkeit des Wohnstandortes. Denkt dabei auch an die Größe der Siedlungen und Einrichtungen. Für wen sind die einzelnen Versorgungs- bzw. Infrastruktureinrichtungen wichtig? (Vgl. auch Abb. 28 in »Wohnungs- und Wohnumweltverhältnisse...« – Räumliche Infrastrukturmuster).

Wenn Ihr Eure Wünsche mit denen Eurer Eltern vergleicht, so werdet Ihr sicherlich einige

76 Wir planen eine kindergerechte Siedlung

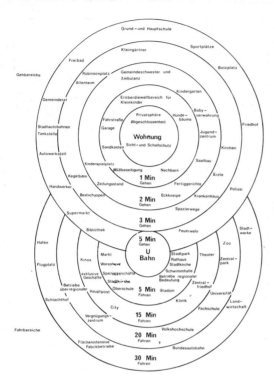

Abb. 65: Räumliche Anordnung von Infrastruktureinrichtungen

Übereinstimmungen feststellen (evtl. bei Schule, Kinderspielplatz, Bademöglichkeit), in anderen Punkten haben jedoch Eure Eltern andere Interessen und Nutzungsvorstellungen als Ihr (z.B. Gastwirtschaft, Sparkasse, Reinigung, Parkplatz). Hier kann also ein *Interessenkonflikt* vorliegen zwischen dem, was Ihr wollt, und dem, was Eure Eltern wollen. Darüber hinaus kann es zwischen Euch und anderen Gruppen – teilweise sogar viel schwerer wiegende – Interessenkonflikte geben, z.B. mit Grund- und Bodeneigentümern, kinderlosen Ehepaaren, Hauseigentümern, alten Menschen, Geschäftsleuten u.a.. Zum Beispiel können dabei Interessensgegensätze im Hinblick auf unterschiedliche Nutzungen eines bestimmten Raumausschnittes entstehen, wie wir sie zuvor angesprochen haben (z.B. Interessensgegensätze zwischen Geschäftsleuten, die für ihre erhofften Kunden Parkplätze errichtet haben wollen, und der dort ansässigen Wohnbevölkerung, die Freiflächen für Kinderspielplätze oder zum Spazierengehen wünschen).

Auch bei unserem Siedlungsprojekt melden natürlich viele Gruppen ihre Interessen auf Raumnutzung an und versuchen, möglichst viele Vorteile zu erreichen. Viele Forderungen stehen direkt miteinander im Widerspruch, andere dagegen lassen sich vielleicht in Übereinstimmung bringen.

7.7.1 Plan- und Rollenspiel: Wir planen die Raumnutzung auf den noch freien Plätzen

Mit Hilfe eines sogenannten Plan- oder Rollenspiels versuchen wir, die Interessen verschiedener Gruppen auf Nutzung der noch freien Flächen A, B, C und D zu erfassen und ihre Meinungen bzw. Gegenmeinungen und deren Begründungen zu erörtern. In diesem Rollenspiel treten deshalb mehrere Gruppen auf, die ein bestimmtes – häufig verschiedenes – Interesse auf eine Raumnutzung haben, d.h. sie nehmen aus verschiedenen Gründen eine bestimmte Stellung oder auch Rolle (vgl. *Rollenspiel*) hinsichtlich der Raumnutzung ein. Die *Ausgangssituation* für dieses Plan- und Rollenspiel ist durch die Rahmenskizze und durch die vorangehenden Erklärungen der möglichen und geplanten Raumnutzungen gegeben. Die beabsichtigte Planung seitens des Stadtplanungsamtes, die auf einer Flächennutzungsplanskizze (s. Abb.66) festgehalten ist, wird dabei von den beteiligten Gruppen auf eine Lösung hin durchgespielt und evtl. verändert, die eine bestmögliche Nutzung der noch freien Flächen für Kinder im Auge hat (vgl. Überschrift: »Kindgerechte Siedlung«).

Folgende Gruppen treten auf und melden ihre Interessen an bzw. schalten sich bei diesem Raumplanungsfall ein.

1. Bund der Grundstücksbesitzer (die u.a. die noch freien Flächen besitzen)
2. Mietshauseigentümerverband,
3. Soziale Mietervereinigung,

Beispiel einer Siedlungsplanung: Welche Nutzungsinteressen stoßen aufeinander?

4. Gewählte Politiker des Wahlbezirkes,
5. Einzelhandelsverband,
6. Kindervertretung,
7. Makler,
8. Eigenheimerverband,
9. Stadtverwaltung/Planungsamt.

7.7.2 Einige Informationen zum Plan- und Rollenspiel

Jede Schülergruppe, die eine der Rollen bzw. Interessensgruppen darstellt, erhält später eine sog. *Rollenanweisung,* die Hinweise gibt auf den Standpunkt und die Meinung, die im Planungsprozeß verteten werden kann. In einer *gemeinsamen Diskussion* (z.B. in Form der Konferenzmethode) soll dann versucht werden, die in der beabsichtigten Raumnutzung enthaltenen Konflikte auszutragen und evtl. zu einer Lösung zu kommen (z.B. über Zusammenarbeit und Koalitionsbildung sowie Abstimmung). Die Rollenanweisungen sind relativ allgemein gehalten, d.h. sie wollen nur die Rahmenbedingungen für das Spiel setzen. Im Planspiel selbst, also in der Diskussion und Debatte, können die einzelnen Schülergruppen (als Interessengruppen) ihrer Phantasie im Rahmen dieser Anweisungen freien Lauf lassen.
Wenn Ihr bezüglich der Rollenanweisungen bzw. im Spiel Fragen habt, so wendet Euch an Euren Lehrer, der bei diesem Plan- und Rollenspiel als Berater mitwirkt. Euch werden im Laufe des Spiels mehrere *Spielinformationen* mitgeteilt, die gewisse Ereignisse und Planungsabsichten enthalten und die für den Fortgang des Spiels wesentlich sind. Dabei werdet Ihr auch aufgefordert, zu bestimmten Planungsabsichten Stellung zu beziehen und Entscheidungen zu treffen. Immer solltet Ihr versuchen, im Sinne Eurer Rollenanweisung die entsprechenden Interessen möglichst gut begründet zu vertreten und ebenso versuchen herauszufinden, welche Planungsabsichten sich widersprechen und welche (evtl. auch über den Kompromißweg) miteinander vereinbar scheinen. – Zunächst aber müssen alle

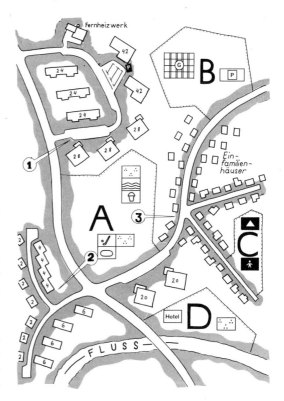

Abb. 66: Flächennutzungsplan des Stadtplanungsamtes (zur Erläuterung vgl. Kap. 7.7.3)

Gruppen zu dem beabsichtigten Flächennutzungsplan des Stadtplanungsamtes (der alle beabsichtigten Planungsmaßnahmen enthält) Stellung nehmen. Dazu setzen sich die Gruppen einzeln zusammen und versuchen, innerhalb der Gruppen eine gemeinsame Argumentationsbasis zu finden und ihre Ansprüche geltend zu machen.

7.7.3 Der Flächennutzungsplan des Stadtplanungsamtes

In der folgenden Flächennutzungsplanskizze sind die beabsichtigten Planungen des Stadtplanungsamtes festgehalten.
Die große Fläche A, die sich bereits im städtischen Besitz befindet, soll ein großes Sport- und Freizeitzentrum erhalten, das auch allen

Stadtbewohnern zugute kommen soll (Schwimmbad, Sportplatz, Spiel- und Liegewiesen, Kinderspielplätze, Spazierwege, Waldstücke, Golfplatz).
Die andere große Fläche B soll einem Einkaufszentrum mit einem großen Parkplatz vorbehalten bleiben. Es sollen Geschäftsleute gewonnen werden, die den Erwerb der Fläche und die Geschäfte finanzieren und die Planung im einzelnen durchführen.
Die kleinere Fläche C, die die Stadt noch kaufen muß, soll vor allem Standort von Bildungseinrichtungen werden: eine große Schule mit Turnhalle und Schulhof, eine Berufsschule, ein Kindergarten.
Die andere kleinere Fläche D soll als Grünfläche gestaltet werden mit Baumbeständen und Trimmpfad. Da die Stadt jedoch kein Geld hat, die Fläche zu kaufen, soll einem Hotelier erlaubt werden, dort ein Hotel mit Gaststätte zu errichten, der dann in Zusammenarbeit mit der Stadtverwaltung und mit öffentlichen Finanzzuschüssen den Boden erwirbt, die Fläche gestaltet und den Trimmpfad baut.

Fragen an die einzelnen Gruppen:
Wenn hier eine *kindgerechte Siedlung* **entstehen soll: Sind die kindlichen Belange genügend berücksichtigt? Stimmen dafür und dagegen. Wer ist nach Meinung der Gruppen zu gut weggekommen? Wer zu schlecht? Versucht, Änderungsvorschläge zu diskutieren! Macht auch einmal eine Zwischenabstimmung, um ein Meinungsbild zu erfahren. Bei der Erörterung dieser Fragen sollen die einzelnen Gruppen bereits prüfen, welche Gruppen ähnliche Interessen vertreten, um vielleicht eine spätere Zusammenarbeit oder gar Koalitionen ins Auge zu fassen.**

Es folgen jetzt die einzelnen Spielinformationen (vgl. Lehrerband), welche die Rahmenbedingungen für den Fortgang des Spiels darstellen. Sie sollen weitere Überlegungen und Handlungen der Gruppen auslösen.

7.7.4 Die Manöverkritik

Im Anschluß an dieses Plan- und Rollenspiel erfolgt ein Rückblick auf das Spiel, eine sog. Manöverkritik. Dabei sollten folgende Fragen gestellt und beantwortet werden:

Warum haben einzelne Gruppen so und nicht anders gehandelt? Welche Rollen wurden am besten vertreten? Wie hat die Zusammenarbeit innerhalb der Gruppen und evtl. Koalitionsbildungen geklappt? Welche Schwierigkeiten traten auf? Wie sind diese zu verhindern? An welcher Stelle hat sich das Spiel vielleicht von der Wirklichkeit (vgl. auch die Ergebnisse aus dem ersten Teil dieser Lerneinheit) zu weit entfernt?
Inwieweit ist die Entscheidung realitätsbezogen? Ist sie sinnvoll? Wessen Lage wird sich aufgrund dieser Entscheidung verbessern?
Welche Spielinformationen, die ja das Spiel wesentlich beeinflußt haben, sind evtl. etwas unrealistisch (zu optimistisch?, zu pessimistisch?) oder zu unklar? Könnt Ihr durch Kenntnisse aus Eurem eigenen Erfahrungsbereich einige hier im Spiel abgelaufene Vorgänge und getroffene Entscheidungen bestätigen oder widerlegen? Schließlich wäre es noch interessant, die Frage zu klären welche Interessen grundsätzlich denen von Kindern und Jugendlichen eher entgegenzukommen scheinen und welche weniger.

8. Über Altstädte und Altbaugebiete: Welche Aufgaben erfüllen sie? Warum werden dort Gebäude abgerissen und erneuert? Wem nutzen diese Maßnahmen?

Versucht Euch zunächst einmal zu erinnern, wo Ihr bereits alte Häuser gesehen habt und wo viele solcher alten Häuser in einem Ort oder einem Stadtgebiet eng nebeneinander vorkommen. Beschreibt das Aussehen dieser Häuser! Wozu dienen sie – und wenn dort jemand wohnt – wer wohnt darin? Auch könntet Ihr einmal versuchen zu beschreiben, wie diese alten Häuser auf Euch wirken und ob Ihr dort gerne wohnen wolltet. Begründet Eure Ansichten!

Ihr könntet auch bereits an dieser Stelle darüber nachdenken, ob alle Menschen und Gruppen Eure Ansichten teilen und woran es liegen könnte, wenn andere Personen alte Häuser und ganze sogenannte Altstädte und Altbaugebiete anders beurteilen. Denkt bei der Beantwortung dieser Frage an verschiedene Gruppen mit unterschiedlichen Interessen, z.B. an ältere Leute, die dort schon lange wohnen, an Geschäftsleute, die dort ein Geschäft haben oder errichten wollen, oder an Hausfrauen, die gerne viele Einkaufsmöglichkeiten in ihrer Nähe hätten, und Kinder, die ihre Schule gefahrlos erreichen möchten.

Solltet Ihr solche Altstadt- bzw. Altbaugebiete in Eurer Nähe haben, so sucht diese auf und informiert Euch noch einmal an Ort und Stelle! Auch im weiteren Verlauf dieser Lerneinheit empfiehlt es sich, Fragen und Feststellungen an Euch bekannten Beispielen zu überprüfen.

8.1 Welches sind die typischen äußeren Merkmale von Altbaugebieten und Altstädten und wie sind diese entstanden?

Wie die Worte ›Altbaugebiet‹ und ›Altstadt‹ bereits zum Ausdruck bringen, haben wir es dort mit alten Gebäuden zu tun, ebenso mit alten Straßenverläufen, Plätzen und baulichen Grundrissen. Auch wenn diese Baustrukturen im Laufe der Zeit zweifellos Veränderungen erfahren haben, so verdeutlichen sie doch eine bestimmte Art des Zusammenlebens der Menschen und ihrer Arbeitsbedingungen, wie sie früher zur Zeit ihrer Entstehung gegeben waren. Das heißt also, daß sich in ihnen die Art und Weise der räumlichen Nutzung und auch gewisser Ansprüche an die räumliche Nutzung widerspiegeln. Wir wollen jetzt versuchen, einzelne Merkmale von Altstädten und Altbaugebieten festzustellen und uns vorzustellen, was sie über die Lebens- und Arbeitsbedingungen ihrer Entstehungszeit aussagen. Das heißt also, wir wollen erfahren, wie die damaligen Menschen in ihnen lebten und arbeiteten.

Wenn Ihr die nachfolgenden Abbildungen betrachtet, zieht auch Vergleiche mit Euch bekannten Neubaugebieten, um auf diesem Wege die typischen Merkmale besser herauszufinden. Laßt Euch bei der Zusammenstellung der Eigenschaften von Altstädten und Altbaugebieten von den folgenden Abbildungen anregen. Schreibt die herausgefundenen wesentlichen Merkmale auf und vergleicht sie mit Euren eigenen Erfahrungen! Achtet besonders auf Größe und Form der Grundstücke, Art des Grundeigentums, Straßenbreiten, Bauweise der Häuser, Dichte der Bebauung, freie Plätze, Nutzung der Hinterhöfe, Zuschnitt und Ausstattung der Wohnungen und auf die Anlage und Form von Altstädten! Versucht auch herauszufinden, wo Ihr ähnliche Haustypen, alte Stadtviertel, Straßenfronten, schmale, unregelmäßige Straßen usw. in Eurer Heimatgemeinde oder in einer benachbarten Stadt kennt. Sucht auch nach Beispielen in Eurem Atlas!

80 Aufgaben und Veränderungstendenzen von Altstädten und Altbaugebieten

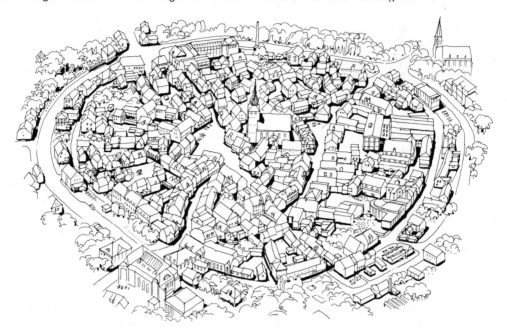

Abb. 67: Schaubild der Altstadt von Remscheid-Lennep

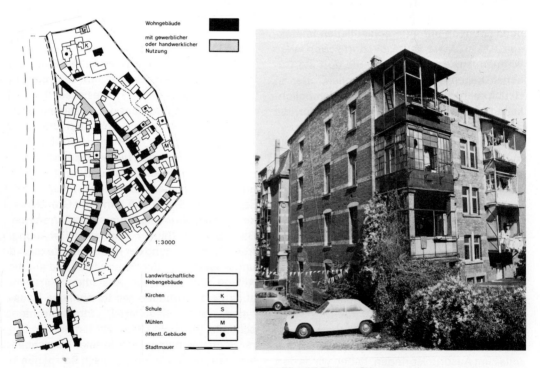

Abb. 68: Hünfeld um 1850, Gebäudefunktion   Abb. 69: Gründerzeitliche Mietskaserne

Welches sind die typischen Merkmale von Altbaugebieten und wie sind diese entstanden?

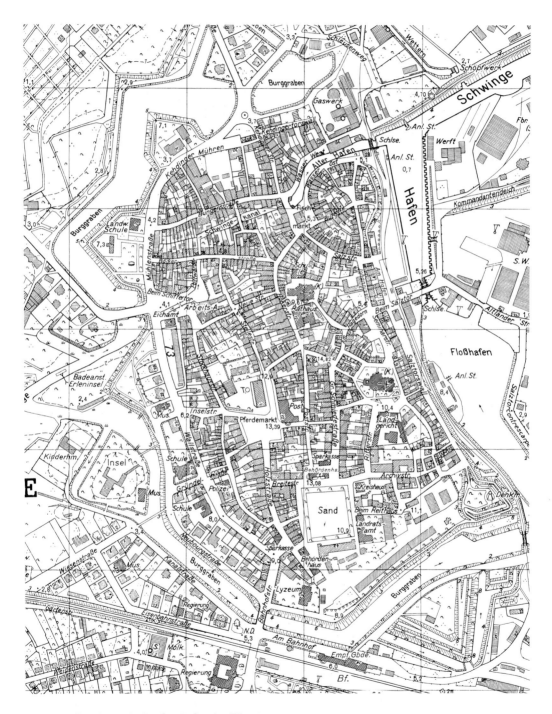

Abb. 70: Die Altstadt der Stadt Stade, Elbe

82 Aufgaben und Veränderungstendenzen von Altstädten und Altbaugebieten

Abb. 71: Alte Fachwerkhäuser in Barbarach am Rhein

Zur Unterstützung beim Nachdenken soll noch eine kurze Beschreibung eines Altbaugebietes in der östlichen Innenstadt von Göttingen dienen. Diese Beschreibung deutet auch bereits an, welche Nutzungen dort heute anzutreffen sind. »Die Hofräume ... sind eng zugebaut, vor allem von einer Vielzahl kleiner Schuppen und Lagergebäude. Bis auf zwei im städtischen Besitz befindliche, wegen Baufälligkeit gesperrte Gebäude, werden alle intensiv genutzt – Wohnungen sind in Hinterhäusern und Dachgeschossen ausgebaut worden, Zimmer für Studenten in ehemaligen Schuppen eingerichtet, Gewerbebetriebe auf Hinterhöfen und in Kellerräumen etabliert worden, um nur einige Beispiele anzuführen. Die Mischung von gewerblicher Nutzung und Wohnen ist sehr unterschiedlich.«

Nachdem Ihr jetzt die Euch erkennbaren wichtigen Merkmale von Altbaugebieten zusammengestellt habt, könntet Ihr versuchen, die Lebens- und Arbeitsverhältnisse zu beschrei-

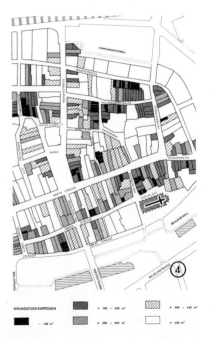

Abb. 72a: Grundstücksgrößen in einem Teilgebiet der Altstadt von Northeim (weiße Flächen = Privatbesitz)

Welches sind die typischen Merkmale von Altbaugebieten und wie sind diese entstanden? 83

ben, die in diesen Siedlungsstrukturen zum Ausdruck kommen. Um Rückschlüsse von baulichen Eigenschaften auf die ihnen zugrundeliegenden wirtschaftlichen und sozialen Bedingungen durchführen zu können, sollen Euch wieder einige Arbeitshilfen in Form von Fragen gegeben werden.

Welche Aufgaben hatten die ehemaligen Befestigungsanlagen, die auf einigen Abbildungen in ihrem alten Verlauf noch deutlich auszumachen sind? Wie alt könnten diese sein und bis wann bestanden haben? Wie sind die Straßen und Plätze angelegt und welchen Zwecken dienten sie (vgl. heute fließender und ruhender Autoverkehr)? Welche Konsequenzen hatten für die einzelnen Familien in der Regel die enge Nähe des Zusammenlebens (vgl. dagegen Wohnen in Hochhäusern oder weitständigen Einfamilienhausgebieten)? Welche Berufe übten wohl die Bewohner aus? Hatten sie auch weite Wege bis zu ihrem Arbeitsplatz zurückzulegen, wie es z.B. heute oft der Fall ist? Wie ist also die räumliche Lage von Wohn- und Arbeitsplatz? Wie stark sind räumliche Differenzierungen in der Siedlung ausgeprägt? Gab es damals z.B. auch bereits die Trennung von Wohn- und Gewerbegebieten?

Viele Altbaugebiete bringen überwiegend vorindustrielle Wirtschafts- und Sozialverhältnisse zum Ausdruck. Ihre Lage, Aufbau und ursprünglichen Aufgaben (oder wie wir in der Geographie zu sagen pflegen: Funktionen) sind uns aus den historischen Bedingungen ihrer Entstehungszeit erklärbar. Insoweit scheint es zunächst sehr einleuchtend zu sein, wenn viele Interessengruppen fordern, daß diese Altbaugebiete »planerisch neu zu ordnen sind« und den heutigen industriegesellschaftlichen Verhältnissen angepaßt werden sollten. Das fordern zunächst die Gruppen, die sich bei einer so gearteten Anpassung bzw. *Erneuerung* solcher Gebiete eine Besserstellung bzw. einen Gewinn versprechen (die in der Regel eine Nutzungs- und Flächenumwidmung zur Folge haben, d.h. also, daß der

Abb. 72b: Grundeigentumsverhältnisse in einem Teilgebiet der Altstadt von Northeim

84 Aufgaben und Veränderungstendenzen von Altstädten und Altbaugebieten

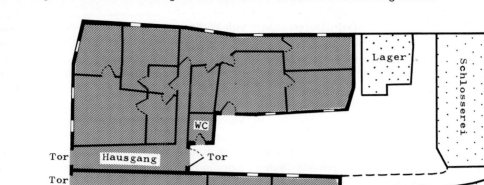

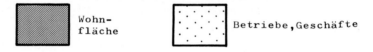

Abb. 73: Grundriß eines Baublocks in der Altstadt von Coburg

Gewinn nur durch einen Wandel in der Flächennutzung verwirklicht werden kann). Sie nennen das aus ihrer Sicht *Sanierung* (abgeleitet von sanare (lat.) = heilen, erneuern) und wollen damit überall eine Entwicklung einleiten und beschleunigen, die eine weitere räumliche Trennung von speziellen Vierteln (z.B. Wohn-, Gewerbe-, Versorgungsviertel) unterstützt. Ob allerdings dieser Begriff Sanierung auch für die vielen unmittelbar und mittelbar Betroffenen sowie überhaupt für eine sinnvolle zukünftige Stadtentwicklung angewandt werden kann, soll bereits an dieser Stelle in Frage gestellt werden. Wir wollen versuchen, diese Frage am Schluß der Lerneinheit noch einmal aufzugreifen und zu beantworten.

Die Bearbeitung der folgenden Fragen soll Euch helfen, *Beurteilungsgesichtspunkte* für bei uns durchgeführte oder *geplante Sanierungen* zu gewinnen. Sie sollen Euch vor dem Hintergrund der Kenntnisse von Altbaugebieten und Altstädten und der gesellschaftlichen

Ursachen ihrer Veränderungen die einzelnen Sanierungsprobleme vor Augen führen. Gleichzeitig wollen wir versuchen, Überlegungen für sinnvolle Stadtentwicklungsplanungen in solchen Altbaugebieten anzustellen, die die Verhältnisse für die Mehrzahl der Einwohner verbessern und in diesem Sinne der sogenannten Allgemeinheit (dieser Ausdruck soll für die gesellschaftlichen Gruppen stehen, die die ganz überwiegende Mehrzahl der Wohn- und Arbeitsbevölkerung ausmachen gegenüber z.B. Einzelgruppen und deren Interessen) Vorteile bringen.

8.2 Heutige Aufgaben von Altbaugebieten und Altstädten

Da viele Gebäude, Straßen und Grundstückszuschnitte, Plätze etc. in Altbaugebieten und Altstädten – wie wir vorher gehört haben – aus vergangenen Zeiten stammen, können dort natürlich auch nur bestimmte Aufgaben bzw. Funktionen wahrgenommen werden. Das bedeutet, daß man dort in der Regel keine großen Wohngärten vorfinden kann, keine Plätze für große Geschäftshäuser und auch der Autoverkehr (beim Fahren und Parken) sehr beengte Verhältnisse antrifft. Will man in diesen Gebieten ähnlich »moderne« Nutzungen verwirklichen, so muß vieles abgerissen und umgestaltet werden (saniert?).

Wir wollen uns jetzt die Frage vorlegen, ob dieses wirklich überall so wünschenswert ist. Welche Interessensgruppen fordern diese Nutzungsveränderungen und warum? –

Wenn man etwas verändern oder, wie oft gesagt wird, »sanieren« will, so muß man genau wissen, was man verändert und warum. Wer wird jeweils davon betroffen und in welcher Weise? Deshalb ist es wichtig, zu untersuchen, welche Gruppen heute überwiegend in solchen Altbaugebieten wohnen und welche Aufgaben dort in welcher räumlichen Verteilung und von wem wahrgenommen werden.
Wegen ihrer guten Erreichbarkeit als geographische Stadtmitte sind die Altstädte bereits heute meist *Standort von größeren Geschäften* und *spezialisierten Dienstleistungseinrichtungen* (z.B. welche?) für einen zahlreichen Kundenkreis: Hier haben sich also bereits unterschiedliche Veränderungen im Laufe der Zeit durchgesetzt. Andererseits beherbergen sie traditionell viele kleine Handwerks- und Gewerbebetriebe und einen (oft noch!) relativ hohen Anteil von Wohnbevölkerung. Damit diese Wohnbevölkerung dort zufriedenstellend leben kann, braucht sie natürlich auch *Wohnfolgeeinrichtungen* in den Altbaugebieten, wie Kindergärten, Schulen, Geschäfte für den täglichen Bedarf sowie Freizeiträume und Treffpunkte.

Wenn Ihr solche Altbaugebiete und Altstädte kennt, prüft einmal, ob auf eventuell frei werdenden Flächen – wo z.B. alte baufällige Gebäude abgerissen werden – diese Wohnfolgeeinrichtungen erstellt werden.

Wenn das nicht der Fall ist und sich andere Wandlungen in der Nutzung ergeben (z.B. indem neue Geschäftshäuser, Dienstleistungseinrichtungen oder Parkplätze erstellt werden), verdeutlicht dieser Vorgang, daß sich Interessengruppen durchsetzen, die nicht an der Erhaltung der Wohnnutzung und der Wohnbevölkerung interessiert sind. Je mehr nun die Lebensverhältnisse in solchen Gebieten durch diese sogenannten »*konkurrierende Raumansprüche*« zur Wohnnutzung beeinträchtigt werden und je weniger die Hauseigentümer in die Wohnhäuser investieren, um später durch andere Nutzungen oder durch Verkauf mehr zu verdienen, desto schlechter werden die Lebensbedingungen. So kommt es, daß diese renovierungsbedürftigen Altbaugebiete in der Bundesrepublik vor allem Wohngebiete unterprivilegierter Schichten sind, die zum einen bereits lange dort ansässig sind oder zum anderen besonders mobile Gruppen wie Gastarbeiter, Studenten und andere umfassen. Als Ergebnis einer größeren Untersuchung werden z.B. folgende Funktionen von erneuerungsbedürftigen Altbaugebieten betont (vgl. K. Zapf, Rückständige Viertel. Europäische Verlagsanstalt, Frankfurt/Main 1969, S. 251): »Sie bieten billige Wohnungen für die wenig qualifizierte Arbeiterschaft (...); sie nehmen stark fluktuierende Gruppen auf (...), sie konstituieren für die Unterschicht das vertraute Milieu ihrer Existenz (...), sie bilden eine stabile, alteinsässige Bevölkerung; können darüber hinaus Assimilationszentrum für Gastarbeiter und Immigranten, für Zuwanderer aus agrarischen Gebieten und für andere Fremde werden. Die besonderen Funktionen variieren von Ort zu Ort.«
Die Konzentration von gewerblichen Nutzungen in den innerstädtischen Altbaugebieten (Stichwort: Kommerzialisierung) und damit die Verringerung von Wohngebäuden und die Verdrängung von Wohnbevölkerung ist natürlich in den verschiedenen Stadttypen unterschiedlich weit fortgeschritten. Die Innenstädte der Großstädte, die *sogenannten Cities,* sind schon total überformt und in ihrer ursprünglichen Bausubstanz verändert. Hier

86 Aufgaben und Veränderungstendenzen von Altstädten und Altbaugebieten

sind bereits die Grundstücke an die zahlungskräftigen und gewinnträchtigen wirtschaftlichen Interessenten übergegangen. Deshalb greift dieser Prozeß in den Großstädten bereits in die innenstadtnahen Altbauwohngebiete über (die hier als Sanierungsgebiete ausgewiesen werden). Die für die Boden- und Hauseigentümer unrentablen Wohnnutzungen weichen immer mehr den einträglicheren Nutzungen durch Geschäfts- und Büro(hoch)-häuser (da kann man sehr viel höhere Mieten verlangen).

Untersucht diese Verhältnisse am Beispiel einiger Großstädte, vielleicht Hamburg, Frankfurt, München oder Köln. Nehmt dabei thematische Karten zur Hilfe!

Dagegen ist dieser Nutzungswandel in den *Mittel-* und vor allem in den *Kleinstädten* noch nicht so weit fortgeschritten. Wie viele Beispiele zeigen, unterstützt die heutige Praxis der *Ausweisung von Sanierungsgebieten* die fortschreitende Nutzungsänderung standortgünstiger Gebiete im Sinne gewerblicher Nutzungsinteressen. In der Regel beginnen also erst die Sanierungsvorbereitungen, wenn sich wirtschaftliche Nutzungsansprüche durchsetzen (oft vorgeschobenes Argument: »Funktionsschwäche überwinden«). Es ist zu fragen, ob die damit einhergehende relativ radikale Entmischung einzelner Stadtviertel (ihre Struktur wird also immer einseitiger) wirklich für die Zukunft erstrebenswert ist (man denke u.a. an die dadurch verursachten enormen Verkehrsprobleme!). Und vor allen Dingen muß zur sozialen Problematik von Sanierungen Stellung bezogen werden.

Macht Euch bereits an dieser Stelle Gedanken über die zuvor angeschnittenen Fragen!

8.3 Erneuerungen von Altbaugebieten als soziales Problem

Um die sozialen Probleme in Sanierungsgebieten beurteilen zu können, müssen wir zunächst einiges über die dort anzutreffenden Bevölkerungs- und Sozialverhältnisse wissen.

Versucht deshalb, mit Hilfe der folgenden Diagramme und eventuell mit Hilfe Eurer Kenntnisse und Erfahrungen vor allem zu folgenden Fragen Stellung zu nehmen:
1. Welche Bevölkerungsgruppen wohnen überwiegend in Altbaugebieten? Welche ziehen weg und warum?
2. Welche Alters-, Haushalts- und Berufsstrukturen findet man in Altwohngebieten? Wie sind wohl ihre ökonomische Stellung und ihre politischen Einflußmöglichkeiten einzuschätzen? Versucht auch, die Bereitschaft der Menschen zu beurteilen, aus dem alten Wohngebiet fortzuziehen (also Beurteilung der Mobilitätsbereitschaft).

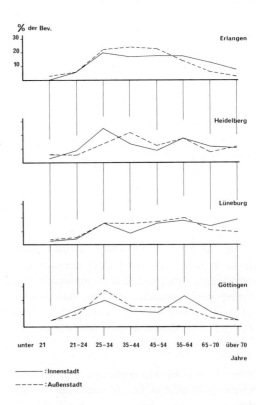

Abb. 74: *Alter der Bevölkerung in Innen- und Außenstädten*

Erneuerungen von Altbaugebieten als soziales Problem

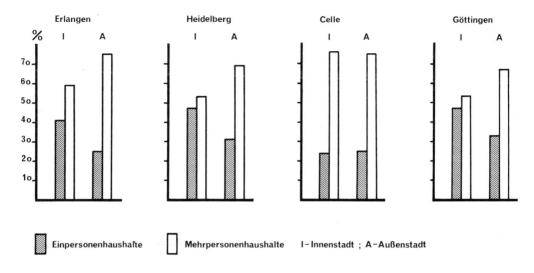

Abb. 75: Ein- und Mehrpersonenhaushalte in Innen- und Außenstädten

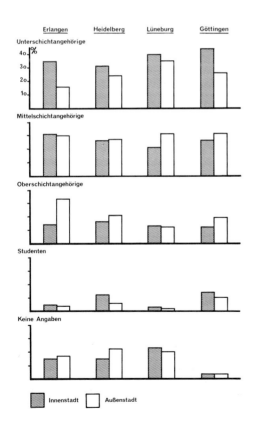

Abb. 76: Soziale Schichtung der Bevölkerung in Innen- und Außenstädten

Jede Art von Sanierung, die einen Nutzungswandel bzw. eine Nutzungsverbesserung anstrebt, greift in die Verteilung von Menschen ein, indem sie diese »verdrängt«, auseinanderreißt oder durch neue Baustrukturen (gewerblich genutzte Gebäude, durch Straßen, Parkplätze etc.) zu anderen räumlichen Verhaltensweisen zwingt. Damit verbunden ist aber auch ein Eingriff in die persönliche Lebensführung von Menschen und Familien. Selbst bei einem Sanierungsziel zugunsten der Wohnungsnutzung – dies kommt jedoch selten vor – z.B. in Nordrhein-Westfalen in jedem 8. Sanierungsprojekt! – werden auf Sanierungsbetroffene Zwänge ausgeübt:

1. Es müssen viele Bewohner auch in diesem Fall das Sanierungsgebiet verlassen, weil zu hohe Bebauungsdichten (Hinterhöfe!) zum Abriß von noch bewohnten Häusern zwingen und Überbelegungen von Wohnungen abgebaut werden. Bevölkerungsverdrängung ist also auch hierbei die Folge.
2. Die Mieten der erneuerten Wohngebäude werden sehr viel höher liegen (das investierte Geld muß wieder »hereinkommen«!) und sind von den dort wohnenden einkommensschwachen Familien nicht mehr aufzubringen. Auf diesem Wege werden indirekte Zwänge wirk-

88 Aufgaben und Veränderungstendenzen von Altstädten und Altbaugebieten

sam, die für die Betroffenen die gleichen negativen Folgen haben und für sie »Verdrängung« oder »Umsetzung« bedeuten.

Meist werden jedoch – wie wir bereits gehört haben – durch Sanierungsmaßnahmen die Nutzungsbedingungen standortgünstiger Altbaugebiete für gewerbliche Dienstleistungen und Industrie verbessert. Dagegen verlieren die nicht so rentablen Wohnnutzungen ihre Standorte.

Was meint Ihr, in welchen Stadtgebieten wird die verdrängte Bevölkerung wieder angesiedelt? Kennt Ihr Beispiele? Erkundigt Euch! Wer von den Sanierungsbetroffenen erleidet die meisten Nachteile? Die Hauseigentümer, Bodeneigentümer, Gewerbetreibende oder die Mieter und Untermieter? Wer kann Gewinn aus Sanierungsmaßnahmen ziehen? Begründet Eure Vermutungen. Denkt bei der Beurteilung nicht nur an wirtschaftliche, sondern auch an soziale Nachteile!

8.3.1 Das Beispiel der Gastarbeiter in Altbaugebieten

Auf ein Problem soll in diesem Zusammenhang gesondert eingegangen werden: auf die zunehmende Belegung von – oft abbruchreifen – Wohnungen durch Gastarbeiter. Sobald eine Sanierungsabsicht von Seiten der Gemeinden angekündigt wird, sind Altbaueigentümer infolge der zu erwartenden Gewinnsteigerung zu keinen Investitionen mehr bereit. Solange der Nutzungswandel noch nicht vollzogen ist, übernehmen sogenannte »Abnutzungsmieter« (die also nur noch die Gebäude »abwohnen« sollen), oft Gastarbeiter, diese Wohnungen.

Die Notlage der ausländischen Arbeitnehmer, die wegen geringer Zahlungsfähigkeit und gegen sie bestehender Vorurteile auf dem freien Wohnungsmarkt kaum eine Wohnung bekommen können, wird hier ausgenutzt. Diese müssen nämlich schnell unterkommen

Abb. 77: Karikatur über Wohnungsversorgung von Gastarbeitern

Erneuerungen von Altbaugebieten als soziales Problem

und wissen oft nicht, wie lange sie bleiben können (z.B. kurzfristige Arbeitsverträge, Kündigungen). Daß zu der wohnungsmäßig völlig unzureichenden Versorgung in den teilweise verfallenen Altbauwohnungen noch oft eine mietenmäßige »Ausbeutung« hinzukommt, mag folgendes Beispiel aus einem Göttinger Altbauviertel belegen.

»Besonders die Gastarbeiter müssen in viel zu kleinen Wohnungen leben, ihnen stehen häufig nicht einmal 5 m² pro Person zur Verfügung, das bedeutet, vier Personen leben in einem 16 m² großen Zimmer oder 2 Personen in einem 9 m² großen Raum – und das bei Mietpreisen von über 10 DM pro m²!« (H.J. von

Abb. 79: Karrikatur über Vorurteile

Frieling und J. Strassel, Sozialstrukturelle Situationsanalyse im Sanierungsgebiet Göttinger Neustadt-Ostseite und Überlegungen zu den Grundlagen des Sozialplans. Göttingen 1973, S. 56).

Diskutiert auch in diesem Zusammenhang über die auf Seite 88 stehende Karikatur (Abb. 77)! Was bringt sie zum Ausdruck? Was haltet Ihr davon?

Aus der Abbildung links unten (Abb. 78) wird eine bestimmte räumliche Verteilung einzelner Gastarbeitergruppen deutlich.

Sprecht darüber, warum die Gastarbeiter die Nähe ihrer Landsleute suchen! Stellt Euch dabei die Situation vor, wenn Ihr in einem fremden Land arbeiten müßtet, dessen Sprache und Lebensgewohnheiten Euch fremd sind. Warum bilden sich oft Vorurteile gegenüber Gastarbeitern aus? Geht bei Eurer Diskussion über Vorurteile von der Deutung der Darstel-

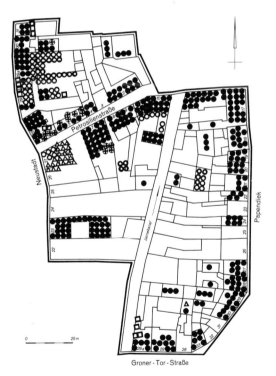

Eine Signatur entspricht einer Person
- ● Deutscher ○ Grieche □ Türke
- △ Jugoslawe ⊕ Sonst. Ausländer

Abb. 78: Verteilung der Bevölkerungsnationalitäten in einem Altbaugebiet von Göttingen

lung (Abb. 79, Seite 89) aus: Was meint Ihr, warum gehen deutsche Bewohner den Gastarbeitern oft aus dem Weg?
Welche Folgen stellen sich vielleicht im Siedlungsgebiet der Abb. 78 (vgl. S. 89) zukünftig ein? Welche Bewohner ziehen vielleicht eher aus und welche ziehen wieder ein? Warum? Sprecht in diesem Zusammenhang darüber, welche Möglichkeiten einer gerechteren Behandlung der Gastarbeiter denkbar sind.

8.3.2 Einige weitere soziale Probleme, die bei Sanierungen auftreten und die Ihr kennen solltet

Wie viele wissenschaftliche Untersuchungen zeigen, empfinden viele Altbaubewohner trotz der baulichen Unzulänglichkeiten und der schlechten Ausstattungen der meisten Wohnungen eine gewisse Geborgenheit in ihren Wohngebieten. Diese Tatsache mag Euch vielleicht im ersten Augenblick überraschen. Sie rührt daher, daß die Altbaubewohner dort oft lange wohnen, sich kennen und häufige Kontakte miteinander pflegen. Die engere Form des Wohnens und die vielen Treffpunktmöglichkeiten erleichtern aber auch neu Hinzugezogenen ein schnelleres, vertrauliches Zurechtfinden. Auch die meist geringe Miete ist ein wichtiger Grund.
Die Bewohner besitzen vor allem wegen ihrer sozial vergleichbaren, unterprivilegierten Stellung ein starkes »Wir-Bewußtsein«. Sie empfinden meist auch besondere Bindungen an ihre Wohnumwelt und entwickeln entsprechend eindeutige räumliche »Identitäten«. Jedenfalls identifizieren sich Altbaubewohner viel stärker mit ihrer Umwelt (d.h. sie messen ihrer Umgebung eine Bedeutung zu und bejahen sie gefühlsmäßig sehr viel stärker als die meisten Menschen in Neubaugebieten). Das wird mitverursacht durch die räumlich in einem bunten Gemisch zwischen den Wohnhäusern liegenden Werkstätten, Läden, Kneipen und Einrichtungen, die besonders häufig aufgesucht werden. Deshalb möchte die Mehrzahl der Bewohner in Altbaugebieten auch nach einer Sanierung wohnen bleiben, wobei oft die allgemein niedrigen Mietpreise mitentscheidend sind. Dieser Wunsch kann jedoch, wie wir bereits gehört haben, selbst bei einer Wohnungssanierung wegen der steigenden Mietkosten meistens nicht in Erfüllung gehen. Außerdem müssen wir bedenken, daß im allgemeinen Sanierungen in zentral gelegenen Altbaugebieten den renditeschwachen Wohnungsbau zugunsten der kapitalkräftigen Wirtschaftsunternehmen wie Kaufhäuser, Banken, Versicherungen und Industrieverwaltungen verdrängen helfen. Im Zweifelsfall wird auf flächensaniertem Boden das gebaut, was höheren Gewinn verspricht – nicht das, was im Sinne der Betroffenen sozial geboten wäre!

8.3.3 Was geschieht nun mit den »Sanierungsgeschädigten«?

Wenn nun Menschen gegen ihren Willen als »Sanierungsgeschädigte« »umgesetzt« (wie der behördliche Ausdruck für ›verdrängt‹ heißt) werden, so wird man sie in der Regel in eine bessere Wohnung in einem anderen Stadtgebiet (meistens in Neubaugebieten) ansiedeln. Ihr könntet vielleicht spontan meinen, daß dies doch eine gute Lösung sei, vor allem, weil es sich um neue Wohnungen handelt. Leider bringt aber diese neue Wohnung weniger Vorteile, wie es im ersten Anschein aussehen könnte, sondern mehr Nachteile. Die Neubaumieten liegen nämlich um ein Vielfaches über den Altbaumieten, so daß bei den Familien eine Verschlechterung der wirtschaftlichen Lage entsteht. Darüber hinaus – und das wiegt oftmals noch schwerer – können die Sanierungsverdrängten kein Gefühl der »sozialen Geborgenheit« in dem neuen Gebiet entwickeln: Es fehlen den Bewohnern die vielen Treffpunkte ihrer alten Umgebung und die bekannten Nachbarn. Die neue, oft monotone und unpersönliche Umwelt verstärkt die gefühlsmäßige Abneigung ebenso wie die bewußt empfundene Isolierung irgendwo weit draußen am Stadtrand.

Einige Sanierungsbeispiele: ihre Ziele und Möglichkeiten veränderter Zielsetzung 91

Diskutiert jetzt noch einmal darüber, was diese Art von Sanierung für die betroffenen Bevölkerungsgruppen bedeutet. Wie schätzt Ihr in diesem Zusammenhang den Begriff »Sanierung« ein, der doch von sanare = heilen kommt? Für wen trifft er vielleicht in dieser Bedeutung zu? Welche andere Begriffe könnte man aus der Sicht der negativ betroffenen Gruppen an seine Stelle setzen?

8.4. Einige Sanierungsbeispiele: Ihre Ziele und die Möglichkeiten veränderter Zielsetzungen

Bei der Sanierung der Kleinstadt Michelstadt im Odenwald verlangte das Interesse der Gewerbebetriebe für den Innenstadtbereich, »daß der Kraftfahrzeugverkehr unter allen Umständen nach wie vor durch die Innenstadt geleitet wird, obwohl es genügend Umleitungsstraßen gibt«. (Bundesminister für Städtebau und Wohnungswesen, Stadt- und Dorferneuerung Bd. II. Stadtbau-Verlag, Bonn 1970, S. 283). Andernfalls befürchtete man ein Absinken der Umsätze. So wurde dann im Zusammenhang mit einem neu errichteten Kaufhaus diese Entscheidung getroffen, obwohl der Durchmesser durch die Innenstadt nicht einmal 400 m beträgt! Denkt in diesem Fall nicht nur an die Geruchs- und Lärmbelästigung, sondern auch an die zusätzlichen Parkplätze für den ruhenden Verkehr und eventuell notwendige Straßenverbreiterungen!

Versucht im Anschluß an dieses Beispiel, einmal andere Nutzungsvorschläge im Rahmen einer Altstadtsanierung zu formulieren. Denkt dabei z.B. an die Tatsache, daß viele Häuser von Hauseigentümern und Vermietern nicht oder nur unzureichend instand gehalten werden. – Stellt Euch beispielsweise ein Altbaugebiet mit einem hohen Anteil von alten Leuten vor. Was könnte man für sie tun – auch unter der Voraussetzung, daß an einem Ort durch Abriß neuer Platz geschaffen wurde (Parkplätze??). – Oder denkt Euch ein kinderreiches Altbaugebiet. Was könnte dort an der Stelle wegzusanierender Altbauten errichtet werden? – oder versucht an einem konkreten Beispiel, einmal ein Verkehrskonzept zu entwerfen, das Straßen in einem Wohngebiet nicht nur als Automobiltransportwege versteht! – Vielleicht fallen Euch auch Vorschläge ein, daß man nicht allen großen Dienstleistungsbetrieben, Kaufhäusern, Banken, Versicherungen, Büros, Verwaltungen etc. zentrale Standorte in den Innenstädten und zentral gelegenen Altbaugebieten zuweist. Was meint Ihr zu dem Sanierungsbeispiel (Abb. 80)?

In diesem Fall haben wir es nicht mit einer sogenannten *Flächensanierung* zu tun, bei der eine größere Fläche total umgestaltet wird und bei der die vorher verdeutlichten Sanierungsfolgen am radikalsten auftreten. Hierbei handelt es sich vielmehr um eine gezielte *Objektsanierung* (auch Teilsanierung genannt). Diese Sanierungsart scheint es am ehesten zu ermöglichen, daß sich Wohnnutzungen gegen privatwirtschaftliche Interessen behaupten.

Als Alternative zur „Totalsanierung" empfehlen Stadtplaner, Häuserblöcke nicht völlig abzureißen, sondern zu „entkernen": Schuppen und Hinterhäuser (1) sowie überalterte Vorderhäuser (2) abzubrechen und durch Grünanlagen, Gemeinschaftseinrichtungen wie Spielplätze (3), Kindergärten (4) oder Neubauten (5) zu ersetzen.

Abb. 80: Modelle einer Häuserblocksanierung

Dieser Häuserblock aus überwiegend drei- bis vierstöckigen Wohnhäusern schließt eine dichte Hinterhofbebauung ein, weitere Wohngebäude, Schuppen und sogar eine Fabrik. Einige Gebäude an der Straßenfront sehen sehr baufällig aus. Die Sozialstruktur dieses Gebietes scheint sehr einheitlich zu sein.

Stellt einmal Vermutungen darüber an, welche Berufs- und Einkommensgruppen hier wohnen könnten und warum?

Die Innenbebauung soll im Zuge der Sanierung abgerissen und dieser freie Raum soll dann von Gemeinschaftseinrichtungen – wie Spielplätzen und Kindergärten – eingenommen werden. Einzelne überalterte Vorderhäuser werden durch Neubauten ersetzt, die sich in Gebäudehöhe und -struktur einpassen. Einerseits wird also die Wohnumwelt für die verbleibende Bevölkerung durch – wenn auch bescheidene – Gemeinschaftseinrichtungen verbessert; andererseits ist es auch im Zuge dieser Sanierung nicht zu vermeiden, daß die Bewohner der ehemaligen Hinterhofwohnungen in andere Gebiete umziehen müssen.
Weiterhin sind sicherlich innerhalb der einzelnen Wohnungen die sanitären Verhältnisse zu verbessern und oft auch der Zuschnitt der Wohnungen. Bei den instandgesetzten Vorderhäusern wäre zu fordern, daß die ehemals dort ansässige Bevölkerung wieder hineinziehen kann, und zwar möglichst zu unwesentlich veränderten Mietbedingungen.

Überlegt einmal anknüpfend an dieses Beispiel, welche Bedingungen geschaffen werden müßten, damit eine wohnungsfreundliche Sanierungsabsicht zum Tragen kommt. Was bedeutet diese dann für die Erwartungen der Haus- und Grundeigentümer? Welche staatlichen Eingriffe sind denkbar, damit diese ihre Häuser und Grundstücke nicht ausschließlich an kapitalkräftige gewerbliche Interessenten veräußern (denkt u.a. an die Bindungsmöglichkeit öffentlicher Kredite, an bestimmte Arten anderer Besteuerungen oder an andere staatliche Lenkungsmaßnahmen)?

8.5 Einige weitere Konflikte im Zuge von Stadterneuerungsmaßnahmen

Je bewußter betroffene Bevölkerungsgruppen ihre Lage erkennen und je besser sie ihre Interessen vertreten, desto eher kommt es im Zuge städtischer Sanierungsmaßnahmen auch zu politischen Auseinandersetzungen und öffentlich ausgetragenen Konflikten. Das heißt, diese Gruppen wehren sich gegen die Wohnraumvernichtung in einzelnen Stadtgebieten und sie versuchen, gegen Bodenspekulation und ökonomische Raumansprüche ihre berechtigten Ansprüche durchzusetzen, was aber ganz selten gelingt. Folgende Bilder sollen diesen Zusammenhang verdeutlichen:

Schildert einmal, was Ihr auf dieser Abbildung seht! Welche Konflikte werden hier deutlich?

Abb. 81: Besetztes Haus

Was ist hier passiert? Um welch ein Stadtgebiet könnte es sich handeln? Versucht hier, aufgrund Eurer im Laufe dieser Lerneinheit erworbenen Kenntnisse für diesen Vorgang Erklärungen zu finden!

Folgender denkbarer Fall soll uns bei unseren Überlegungen weiterhelfen.
Ein Grundstücks- und Wohnhauseigentümer in einem Altbaugebiet bekommt von einem Unternehmen ein enorm lukratives Verkaufsangebot. Wenn er das annimmt, könnte er langfristig ein Vielfaches dessen verdienen, was ihm seine Wohnungsvermietung einbringt. Was wird der Haus- und Grundeigentümer in der Regel tun? Als erstes wird er versuchen, durch gezielte Mieterhöhungen die Mieter unter Druck zu setzen und zu verdrängen. Zudem wird er keine Ersatzinvestitionen (z.B. in die Erneuerung des Hausflurs, der Heizung, der Wohnung etc.) mehr vornehmen, um so die Wohnattraktivität der Wohngebäude zu vermindern. Schließlich wird er bei ganz hartnäckigen Mietern zur Kündigung schreiten.
Da bei baulich gut erhaltenen Gebäuden schwerer eine Abrißgenehmigung zu erhalten ist und ein Büroneubau entstehen kann, werden die Wände oft zugemauert, unbewohnbar gemacht und dem Verfall ausgeliefert. Dann wird die Abrißgenehmigung für einen Gewerbe- oder Büroneubau abgewartet.
Auf der anderen Seite gibt es natürlich in den Städten viele Gruppen von Menschen, wie z.B. Studenten, Rentner, Lehrlinge, Arbeiter, die sehr dringend mietmäßig erschwinglichen Wohnraum suchen. Einige von ihnen versuchen, hier die Bodenspekulation und die Wohnraumvernichtung zu verhindern, indem sie Häuser »besetzen« (natürlich als »Mietezahler«). Sicherlich nach dem geltenden Recht ein gesetzwidriger Vorgang! Hier ist aber gleichzeitig die Frage zu stellen: Ist nicht die Art der Vertreibung von Mietern und das skrupellose Durchsetzen ökonomischer Interessen und der Bodenspekulation auch ein gesetzwidriger Vorgang? Von der humanitären und moralischen Seite einmal ganz abgesehen)!

Diskutiert über diese Beispiele!

Um Euch einmal die Größenordnung dieses Problems zu zeigen, sollen einige Zahlen aus Frankfurt hier aufgeführt werden (diese ließen sich in wechselnder Größenordnung auch in anderen Städten – vor allem in Großstädten nachweisen):
In Frankfurt gibt es beispielsweise z.Zt. (1974) über 150 solcher leerstehender Häuser, und im sogenannten innenstadtnahen Westend, wo diese Vorgänge der Wohnraumverringerung und Verdrängung der alteingesessenen Bevölkerung wegen der günstigen Lage am stärksten sind, allein 40. Den leerstehenden Häusern stehen auf der anderen Seite viele Menschen gegenüber, die dringend günstigen Wohnraum benötigen, z.B. Studenten, Arbeiter, ausländische Arbeitnehmer u.a.

8.6 Was können die Gemeinden für ihre Bürger tun?

Ihr werdet vielleicht die Frage stellen, warum die Städte und Gemeinden solche unerfreulichen Entwicklungen nicht verhindern. Die sogenannte öffentliche Hand, die doch das Allgemeinwohl im Auge haben sollte, müßte auch im Sinne der betroffenen Bürger handeln. Meist unterstützt sie aber gegenläufige Entwicklungstendenzen. Hier allerdings müssen wir erkennen, daß die Gemeinde z.B. durch die Bodeneigentumsverhältnisse und die Steuergesetzgebung selbst in eine Konfliktsituation gestellt ist.
Denn einerseits will sie ihren Bürgern dienen und z.B. Wohnraum sichern, und andererseits ist sie von vielen Einzelentscheidungen z.B. von Grundeigentümern, Wirtschaftsunternehmen und auch von den Steuereinnahmen der Gewerbe- und Dienstleistungsunternehmen abhängig. Zum Beispiel stellen die Gewerbesteuereinnahmen einen großen Teil der Gemeindefinanzen dar, die zur Erstellung der Infrastrukturen (Schulen, Straßen, Kindergärten, Bäder etc.) unbedingt benötigt werden. Somit sind die Städte quasi gezwungen, selbst

Zerstörung von Wohnraum und einen Funktionswechsel in den Innenstädten und Altbaugebieten der innenstadtnahen Bezirke teilweise voranzutreiben. Die Kommerzialisierung von standortgünstigen Gebieten schreitet weiter fort, es entstehen mehr und mehr einseitige Nutzungen (z.B. nur »Arbeiten« oder nur »Wohnen«), die nur spezialisierte Verhaltensweisen herausfordern. Die Mannigfaltigkeit sozialer Handlungsräume und sozialen Lebens wird zunehmend verkürzt und eingeengt, abwechslungsreiches städtisches Leben kann sich nicht entfalten.

Greift zum Schluß noch einmal die bereits an anderer Stelle aufgeworfene Frage auf und überlegt, welche Veränderungen bei der Planung von Sanierungsmaßnahmen in Altbaugebieten aus Eurer Sicht nötig und möglich sind. Diskutiert dabei die Problematik der Bodeneigentumsverhältnisse und der Euch bekannten Planungspraxis ebenso wie die Problematik der steuernden privatwirtschaftlichen Entscheidungen, die ja immer Folgen im gesellschaftlichen Bereich (und damit für den einzelnen) haben, z.B. hinsichtlich der Wahl von Wohn- und Arbeitsplatzstandorten und der dabei zu überwindenden Entfernungen. Welche Forderungen sind an die einzelnen Nutzungsgruppen und -interessen und an die Stadtverwaltungen zu richten. Welche damit verbundenen rechtlichen und politischen Probleme ergeben sich? Informiert Euch auch über andere hier nicht aufgeführte Quellen (z.B. bei Eurem Sozialkundelehrer) oder etwa bei Fachleuten aus Praxis und Wissenschaft).